망각의 기술

망각의 기술

우리가 잊는 것이 우리 자신을 만든다

이반 이스쿠이에르두 지음

김영선 옮김 | 이준영 감수

THE ART OF FORGETTING

심심

감수의 말

살기 위해 기억하듯
살기 위해 망각한다

이준영(서울대학교 의과대학 정신건강의학과 교수)

기억은 인간의 생존에 없어서는 안 될 중요한 요소다. 우리는
잠자리에 들기 전, 어떤 날은 뿌듯해하며 '그래, 오늘처럼만
살자'라고 결심하고 어떤 날은 우울해하며 '오늘은 참 별로였어.
오늘처럼은 살지 말자'라고 생각하기도 한다. 그렇게 매일매일
겪는 여러 기억과 경험이 모여 우리 삶과 인격을 구성한다.

　　　살다 보면 도저히 감당하기 힘든 일, 잊고 싶은 일을
경험하는 날도 있다. 버스를 잡아타려고 뛰다가 여러 사람
앞에서 넘어지는 일도 겪고 사소한 일로 친구와 말다툼을
하는 날도 있다. 젊은 시절 겪은 아픈 사랑이나 이별을 돌아볼
때는 후회하며 과거로 돌아가 모든 것을 지우고 싶은 열망에

사로잡히기도 한다. 물론 정말 일어나지 말아야 할 일을 겪는 사람도 있다. 교통사고를 당하거나 대형 재난을 겪거나 범죄 피해자가 되어 씻지 못할 상처를 떠안는 것이다.

우리는 크고 작은 '괴로운 일'을 겪은 뒤 그날을 망각하고 싶어 하고 '다시 그때로 돌아간다면 다르게 살았을 텐데'라며 스스로를 자책하거나 원망하기도 한다. 잊고 싶은 기억 때문에, 즉 망각하고 싶은 기억 때문에 인간은 초인적인 힘을 발휘해 그 일이 벌어진 때로 돌아가 모든 것을 지울 수 있는 타임머신이나 시간여행 같은 불가능한 꿈을 꾼다.

건강하게 살아가기 위해 망각은 때로 기억보다 더 중요하다. '무엇을 기억하느냐' 만큼이나 '무엇을 망각하느냐'가 삶의 질에 영향을 미친다. 그런데 어떤 일은 쉽게 잊히지만 특히 아픈 기억들은 잘 잊히지 않는다. 쉽게 잊지 못하는 아픈 기억, 그 괴로운 감정 때문에 인간은 망각할 수 있는 기술을 원한다.

다행스럽게도 인간에게는 타임머신이나 시간여행의 힘을 빌리지 않아도 작동하는 '망각의 기술'이 있다. 이 기술은 인간의 생존을 위해 존재한다. 즉 우리는 살기 위해 망각한다.

이 책은 우리가 어떻게 이런 망각의 기술을 갖게

되었으며 그 정체가 무엇인지를 뇌의 관점에서, 그리고 인지과학의 관점에서 자세히 설명한다. 책을 쓴 이반 이스쿠이에르두는 기억 연구의 세계적 대가다. 그의 연구 덕에 우리는 기억과 망각의 메커니즘을 좀 더 깊이 알게 되었다. 이 책은 저자 자신의 생물학적 연구 성과와 더불어 다른 동료 과학자들이 진행한 기억 연구를 엮어 뇌에서 벌어지는 기억과 망각의 원리를 본격적으로 알려준다.

이 책에 따르면 우리가 잊는 방법에는 네 가지가 있다. 바로 습관화, 소거, 차별화, 억압이다. 이 책을 읽고 나서 어떤 일은 '습관화'로 가볍게 무시해 넘기고, 어떤 기억은 '소거'하며, 중요한 일만 기억하고 나머지는 '차별화'해서 잊고, 정말 고통스러운 기억은 '억압'하는 망각의 기술을 적절히 활용하기를 소망한다.

물론 이 책을 읽는다고 '지우고 싶은 기억을 삭제하거나, 잊고 싶은 기억을 잊게' 되지는 않는다. 그런 기대로 책을 펼쳤다면 실망할 수도 있다. 대신 이 책의 미덕은 인간에게 너무도 당연한 일 중 하나인 '기억'과 '망각'이 사실은 뇌의 생화학적 과정에 의한 것이라는 점을 알려준다는 데 있다.

망각뿐 아니라 인간의 심리 또는 행동에는 그에 정확히
상응하는 뇌의 생화학적 과정이 존재한다.

솔직히 기억과 망각의 메커니즘은 몰라도 된다. 몰라도
사는 데는 큰 지장이 없다. 그러나 알면 삶을 대하는 태도가
조금 달라진다. 잊고 싶어 몸부림치는 기억 때문에 괴롭다가도
그것을 객관적으로 바라볼 일말의 여지와 힘이 생기는 것이다.

추천의 말

왜 우리는 매일의 경험을
그토록 쉽게 잊을까

제임스 맥고
(캘리포니아대학교 신경생물학과 행동연구 교수이자
학습과 기억 신경생물학센터장)

우리는 모두 망각에 대해 많은 것을 알고 있다. 바로 우리
자신이 실로 많은 것을 망각하기에. 이스쿠이에르두가 이
책에서 이야기하고 강조한 대로 망각은 대체로 좋은 일이다.

　　우리의 경험은 대부분 잊어도 좋은 것이다. 우리는
적어도 헤아릴 수 없이 많은 매일의 경험을 평생토록 기억하지
않아도 된다.

　　그러나 생존에 도움을 주는 기술뿐 아니라 중요한
경험은 기억해야만 한다. 모든 동물에게, 기억은 생존을 위해
매우 중요하다. 그렇다면 왜 우리는 매일의 경험을 그렇게 쉽게

잊는 걸까?

　　　이스쿠이에르두는 역사적 개념과 문학적 견해, 과학
실험 결과를 결합하는 매력적인 방식으로 기억과 망각 사이에
벌어지는 투쟁을 이야기한다. 이 이야기에는 이미 알려진
사실과 우리가 알아야 할 새로운 진실이 모두 포함된다.

　　　독일 심리학자 헤르만 에빙하우스, 러시아 생리학자
이반 페트로비치 파블로프, 그리고 19세기 후반 다른
선구자들의 연구는 학습과 이후 기억에 영향을 미치는 여러
조건을 밝혀냈다. 지난 반세기의 연구는 주로 다양한 형태의
학습과 기억을 이해하는 데 도움을 주는 풍부하고 상세한
설명을 제공했다. 이스쿠이에르두의 실험실에서 진행한 연구를
포함해 지난 수십 년 동안 이루어진 최신 연구는 뉴런과
뇌 체계의 활성화가 어떻게 인간의 학습과 기억을 가능하게
하는지 차근차근 알려왔다.

　　　우리가 왜 잊는지, 즉 망각하는지는 아직 완전히
알려지지 않았다. 그러나 이스쿠이에르두는 이 책에서 망각을
이해하는 일의 중요성을 강조할 뿐 아니라 망각에 대해 인간이
밝혀낸 여러 가지 사실을 이야기한다. 그가 주목한 대로

부정확한 기억, 실패한 망각은 인간에게 괴로움의 근원이
되기도 한다.

　이 책의 첫 페이지를 펼치기 전에, 급히 해야 할
다른 일이 없도록 미리 채비하기를 당부한다. 흥미진진한
생각이 페이지마다 펼쳐지기 때문이다. 대단히 매력적이면서
신중하고도 유용한 정보를 제공하는 책이다. 이 책의 많은
부분을 잊지 못할 성싶다.

저자 서문

이 책은 2011년 포르투갈에서 출간한 책 2판의 영어판이다.
이전 판본과 비교해 새로 고쳐 쓴 부분이 많다. 조시아네
데 카르발류 미스키우 박사와 크리스티아네 푸리니 박사의
소중한 의견과 더불어 이전 판본을 읽은 독자의 논평과 지지에
감사한다. 이 책의 도판은 미스키우 박사와 마리아 에두아르다
이스쿠이에르두 씨의 것이다.

브라질 포르투알레그레에서

이반 이스쿠이에르두

차례

1장 우리가 망각하는 것이 바로 우리 자신이다

2장 망각의 기술

우리가 망각하는 것이
바로 우리 자신이다

"실은 푸네스는 온갖 나무 무리 속 모든 나무의 모든 잎을 기억할 뿐 아니라 그가 그것을 지각하거나 마음속에 그린 때를 또한 모두 기억했다."

—호르헤 루이스 보르헤스, 《픽션들》 중 〈기억의 천재 푸네스〉[1]

기억과 망각

기억은 뇌에서 벌어지는 정보의 저장과 인출로 정의되고, 망각은 기억상실이라 일컫는 기억의 손실로 정의된다.

호르헤 루이스 보르헤스는 유명한 단편소설 〈기억의 천재 푸네스〉에서 허구의 사례인 젊은 우루과이 농부에 대해 이야기했다. 이 농부는 말에서 떨어진 이후 *절대적인* 또는 *완전한* 기억력을 얻는다. 그는 특정한 날 오후, 하늘에 뜬 독특한 구름 모양 같은 온갖 자질구레한 세부 사항을 포함해 그에게 일어난 일 또는 그가 하거나 본 것을 모두 완전하게 기억할 수가 있다. 예전에는 기억을 여러 가지 말이 많은 다소 신비로운 과정으로 여겼기 때문에 아무도 감히 생물학적으로 연구할 엄두를 내지 못했다.

오늘날 기억에 관해 좀 더 많은 것을 아는 사람은 제임스 맥고(James McGaugh, 학습과 기억 분야를 연구하는 미국의 신경생리학자)다. 맥고는 생물학의 관점에서 기억을 연구하기 시작한 1950년대에, 다른 선구자와 함께 이 분야를 개척한 인물이다. 그는 뇌에서 기억을 형성하는 설명 가능한 과정이 있음을 밝혀내 이에 *응고화*라 이름 붙였다. 앞으로 이 책 여러 곳에서 응고화를 언급할 예정이다.

1971년 맥고는 해리 할로(Harry Harlow) 그리고 리처드 톰슨(Richard Thompson)과 《심리학》(Psychology)[2]이라는 교재를 출간했다. 이 책에서 그는 "기억의 가장 두드러진 양상은 망각"이라고 말했다.

흥미롭게도 맥고는 최근 푸네스처럼 뛰어난 자전 기억을

가진 사람들을 분석했다.[3,4] 맥고와 나는 우리 자신의 것을 포함해, 기억과 망각에 대해 자주 이야기를 나눴다. 우리는 생애 대부분을 기억 연구에 바쳤고, 그래서 곰곰이 생각해볼 기억이 많다.

나는 맥고가 망각을 두고 한 말에 동의한다. 우리는 지난 30분, 어제 오후, 과거 10년, 또는 평생토록 우리에게 일어난 일을 대부분 돌이킬 수 없이 잊는다. 예를 들어 30분 전 동료와 나눈 생생한 대화에서 완전한 구절은 대부분 잊고 일반적인 양상만 기억할 뿐이다. 또 어제 일 가운데 우리가 기억하는 것은 아주 중요한 일 외에 거의 없다. 실제로 우리가 어제 아침이나 지난주 어느 날에 벌어진 일 중 기억나는 걸 모조리 떠올리는 데는 단 몇 분이면 된다.

때론 몇 년 전에 흥얼거리던 노래 가사를 기억하지 못 한다. 마치 존재하지 않았던 듯 이름, 얼굴, 사람, 지식, 사건, 숫자, 그리고 우리 삶의 세부 사항이 사라져버린다. 마침내 우연한 상황, 다시 말해 어떤 계기, 단어, 또는 닮은 사람이 잊었다고 생각한 기억을 되살릴 수는 있다. 하지만 대부분은 찾아낼 흔적이 없다. 스쳐 지나가는 불완전한 회상에 지나지

우리는 지난 30분, 어제 오후, 과거
10년, 또는 평생토록 우리에게 일어난
일을 대부분 돌이킬 수 없이 잊는다.

————

않은, *시간*과 향수가 변형시켜놓은 의심스러운 파편들 외에는 말이다.

　　수백 명(그중 일부는 기억력이 좋은 사람들이다)을 대상으로 한 많은 인터뷰는, 1971년 맥고가 지적한 대로 우리가 기억하는 것보다 잊는 것이 더 많다는 사실을 증명해준다. 물론 맥고와 그의 동료들이 최근에 분석한 아주 뛰어난 자전 기억을 가진 보기 드문 개인은 예외다.[3] 하지만 그들조차 어떤 기억은 정확하지 않다.[4]

　　우루과이 작가 마리오 베네데티(Mario Benedetti, 1920~2009)는 《망각은 기억으로 가득하다》(El olvido está lleno de recuerdos)라는 책을 출간했다.[5] 에스파냐 영화감독 루이스 부뉴엘(Luis Bunuel Portoles, 1900~1983)은 자신의 생생한 망각과 노망 든 어머니의 구제할 길 없는 망각에 근거해서, 인간의 기억 그리고 노인의 간헐적인 기억이 가진 미묘한 속성을 감동적으로 묘사했다. "나의 마지막 숨(Mi último suspiro)"이라고.[6]

내 소중한 기억은 어디로 사라졌을까

맥고와 나는 기억력이 좋다. 우리는 때로 어린 시절, 함께한
경험, 우리가 아는 기억 연구 자료 이야기를 나눈다.

어린 시절은 인간이 기초적인 지식을 배우는 시기다. 이
기초 지식에는 걷기, 말하기, 읽기, 쓰기, 헤엄치기, 자전거 타는
법이 포함된다. 사람과 동물과 사물의 양상, 다시 말해 냄새와
소리, 꽃과 나무와 동물의 촉감, 새의 지저귐을 인식하는 방법,
그리고 사랑뿐 아니라 사랑하는 사람을 선택하는 방법과
더불어 삶에 아주 중요한 많은 사실, 선호, 능력도 포함된다.
우리는 이때 어떤 일을 할지 말지, 반응을 보일지 말지, 싸울지
피할지를 결정하고, 중요한 것과 부수적인 것, 유용한 것과
쓸모없는 것, 단테가 지옥의 입구에서 말한 대로 희망을 가져야
할 때와 그러지 말아야 할 때를 구분하는 어려운 기술을
배운다.

유아기의 많은 일화가 여생 동안 무의식적으로 우리에게
중요하게 작용할 핵심 기억을 남긴다. 어머니가 잘 자라고
인사하며 해주는 입맞춤, 넘어졌을 때 일으켜준 어머니의

다정한 손길, 아주 어렸을 적 느끼고 맡은 어머니 젖가슴의
온기와 냄새, 말할 때마다 이상하게 울리던 아버지의 가슴팍,
부모와 형제와 자매와 친구의 미소, 처음 키우게 된 개가
가진 털의 감촉, 우리 집과 이웃집의 소리와 냄새, 과거에
대한 감각, 조부모가 제공하는 지속성의 감각, 요컨대 우리의
정서·감정·인식 세계의 토대를 확립한 기억 말이다.

　　그러나 우리는 각각의 기억이 처음 확고해진 순간을
정확히 기억하지 못한다. 겨울인지 여름인지, 두 살 때였는지 네
살 때였는지 열두 살 때였는지, 하나의 사건으로 습득한 것인지
아니면 반복된 사건으로 습득한 것인지. 우리는 인생에서
일어난 다양한 일, 심지어 좀 더 중요한 일조차 내용과 상황을
쉽사리 뒤섞어버린다. 해가 갈수록 초등학교 1학년 때 담임
선생님 얼굴이 2학년이나 3학년 선생님의 얼굴 또는 숙모나
친구의 얼굴과 뒤섞인다.

　　우리는 대개 생애 초기에(누군가는 '자궁 안에서 지낸
시기에'라고 말할지 모른다) 우리가 모국어라고 하는 언어의
말투와 특이한 억양을 어머니에게 배운다. 내가 어떤 언어를
특유한 억양으로 말한다면, 그것은 오스트리아-헝가리 제국에

속했던 크로아티아에서 태어나 아르헨티나에서 교육 받은 내 어머니에게서 왔을 것이다. 이런 사실들이 결합해 결국 그게 무엇이든 나를 대표하는 단조로운 말투를 낳았다.

일단 자궁에서 벗어나 작지만 열심인 손과 발을 스스로 통제할 수 있을 때가 되면 우리는 우선 음이나 음절(아, 마, 바, 파), 그다음에는 고립된 단어의 의미 또는 알려진 의미를 배우고, 그런 후에는 그것을 구절, 문장, 그리고 마침내 문단으로 통합하는 법을 배운다. 이때에도 우리는 가장 처음에 말한 구절이나 그 일이 일어난 순간을 정확히 기억하지 못한다. 고립된 단어와 그것을 조합해 구절로 만드는 일 사이의 경계를 넘어서는 아주 중요한 발전의 순간을 기억하지 못한다. 그 순간이 우리를 다른 포유류 종과 영원히 구별 짓고 또 인간 종 내의 한 개체로서 구별 짓는 때다.

누군가 어린 시절 일 중 기억나는 걸 모두 말해보라고 하면, 아마 2시간 안에 이야기를 마칠 수 있을 것이다. 우리는 모두 소중한 기억을 잃어버렸다. 초등학교 1학년 때 학교 친구의 얼굴과 한때는 중요했으나 지금은 더 이상 연결 지을 수 없는 사건들. 때로 유아기의 이미지나 단어가 다시 꿈에 나타나지만,

우리는 그것을 알아보지 못한다. 성인기에 우리는 우리에게
아주 중요했던 첫 여자 친구나 조부모 얼굴의 세세한 부분을
잊어버린다. 가끔은 그 얼굴이 떠오르지 않아 육체적 고통마저
느낀다. 우리 삶은 태어난 첫 해부터 뉴런과 시냅스의 손실을
수반하고, 중요한 기억이 그 손실된 뉴런과 시냅스에 놓여 있을
수도 있다.

우리가 기억하는 것이 우리 자신이다

보르헤스는 구스타브 스필러(Gustav Spiller, 1864~1940, 헝가리
태생으로 영국에서 활동하며 윤리학과 사회학 분야의 책을 썼다)[7]를
인용한다. 스필러는 지적인 60세나 70세 노인이 일생의 기억을
모두 떠올리는 데는 하루 반 또는 이틀밖에 걸리지 않을
거라고 말했다. 세계 최고의 의사에게 본인이 아는 의학 지식을
모두 말해보라고 하면, 그의 이야기는 아침나절이면 끝날
것이다. 그 이상을 얘기하려면 서재, 컴퓨터, 그리고 동료의
도움을 받아야 할 것이다.

태어난 후 가장 첫 기억이 무엇인지 묻자
보르헤스는 *어렴풋한 일몰*을 언급했다. 하지만 그 기억은
십중팔구 원인을 찾을 수 없고 애매하기도 한 배앓이, 또는
젖을 빨던 젖가슴의 온기와 냄새, 또는 처음으로 느낀 한기였을
것이다. 갓난아이는 일몰에 그다지 주의를 기울이지 않는다.

분명히, 매일 우리 기억의 많은 부분이 영원히 사라진다.
그럼에도 우리 모두는 상당히 잘 활동하고, 언어를 사용해
서로 의사소통하며, 주변에서 일어나는 일을 이해하고, 우리의
통제 하에서 다양하고 복잡한 체계가 작동하고 기능하는
조직화된 사회 안에서 살아간다. 우리는 우리가 생존할 수
있게 해주는 많은 정보를 안다. 우리 중 일부는 키가 더
크거나 더 가난하거나 더 야위거나 더 현명하기도 하지만 우리
각자는 *어떤 사람*, 즉 한 개인이다. 우리는 각자 자신의 기억을
가졌기 때문에 우리 자신이다.

뛰어난 이탈리아 철학자 노르베르토 보비오(Norberto
Bobbio, 1909~2004)가 말한 대로, 우리가 기억하는 것이 바로
우리 자신이다.[8]

나는 이 짧은 책에서 우리가 망각하도록 학습하거나

선택하는 것이 또한 바로 우리 자신임을 보여주고자 한다.
우리가 아무런 흔적도 없이 잊어버린 것은 마치 그것을 알지
못했던 것처럼 낯설다. 그것은 더 이상 우리 뇌에 없고, 따라서
우리 것이 아니다. 우리가 모르는 것은 우리에게 속하지
않는다. 우리 모두는 단편적인 기억만을 가지고 있을지라도,
오로지 *우리가* 기억하는 *과거*에 기초해서 짧든 길든 미래를
계획한다. 우리가 잊거나 모르는 것에 기초해 계획을 세울 수는
없다.

　　　망각이 기억의 가장 두드러진 양상이기는 하지만,
우리는 모두 개인으로서 활발히 또는 흡족히 행동하기에
충분한 정도의 기억 또는 기억의 단편을 유지한다. 우리가
누구인지, 어디에 사는지, 어디서 일하는지, 그리고 친척과
친구는 누구인지 기억한다. 치매(dementia, 이 말은 라틴어
'de'[결여된 조각]와 'mens', 'mentis'[정신]에서 유래했다)같이 기억에
영향을 미치는 질병이 진행된 상태에서 그런 것처럼, 저런
기억을 상실하면 정상적인 생활을 유지할 수가 없다. 이것이
치매가 그토록 고독한 이유이며, 아무리 오래 살더라도
정상적인 삶일 수 없는 이유다.

나이 든 사람의 뇌라도 매일 점점 더
많은 기억을 저장할 수 있고 충분히
제 기능을 다할 수 있다.

————

고령이 되면 뉴런과 시냅스가 많이 사라져 90세나 100세쯤 되면 소수의 기억만이 남는다. 지난 수십 년 동안 위생 시설, 위생학, 의학, 그리고 특히 약학을 포함한 보건학이 발전한 덕분에 인간의 기대 수명은 늘어났다. 그래서 기억이 희미해지기 시작하는 연령이 기대 수명과 더불어 점점 높아지고 있다. 오늘날 80세, 90세, 또는 더 많은 나이에 여전히 활동적이고 생산적인 정신을 유지하는 노인이 많다. 이 책의 뒷부분에서 보겠지만, 지적 활동을 추구하는 일에 전념한 사람들이 특히 그렇다. 독서는 기억력을 단련하는 가장 널리 알려진 방법이기 때문이다.

신경 퇴행성 질병에 걸리거나 종양이 생기거나 정신적 외상을 겪지 않는다면 나이 든 사람의 뇌라도 매일 점점 더 많은 기억을 저장할 수 있고 충분히 제 기능을 다할 수 있다. 그래서 노인은 여전히 사회에 유용한 존재다. 사실은, 나이를 먹을수록 유용성이 높아질지 모른다. 노인은, 그렇지 않으면 빛을 보지 못할 오래된 지식을 우리에게 직접 전해줄 수 있기 때문이다.

위생 시설과 의학의 발전으로 지난 반세기 동안

기대 수명이 늘면서, 인간의 뇌 기능 쇠퇴는 매년 조금씩 더 늦춰졌다. 지난 20년간 탁월한 성과를 낸 예술가, 과학자, 작가, 특히 노벨상과 오스카상 수상자의 평균 나이가 높아지고 있는 것을 보라. 물론 어떤 지역의 공공 보건은 여전히 끔찍한 상태여서 유아기에 죽는 사람이 있지만, 우리 대부분은 전반적으로 40년 또는 50년 전보다 더 나은 삶을 살고 있다. 또 장수하는 사람의 비율이 세계 대부분 지역에서 엄청나게 증가했다. 1973년 브라질인의 기대 수명은 51세였는데 2014년에는 75세(여성은 79세)를 넘겼다.

　　　해가 갈수록 증가하는 우리의 망각은 다분히 선택적이고 의도적으로 보인다. 우리는 많은 것을 잊어버리지만, 정말로 중요한 건 잊지 않는다. 뇌가 손상된 경우가 아니라면, 우리는 보통 우리가 누구인지, 어디에 사는지, 생업이 무엇인지 잊지 않는다. 만일 뇌가 건강을 유지한다면, 우리는 나이에 상관없이 그야말로 매일 더 많은 기억을 형성해 계속 쌓아갈 것이다.

뇌에서 벌어지는 서커스

언젠가 아주 나이가 많은 노인이 내게 말했다.

"나이가 들수록 내 뇌는 매일매일 더 많은 구경꾼이 몰려드는, 사람으로 꽉 찬 서커스처럼 돼간다네."

대부분 인간의 뇌는 일종의 *기술*을 써서 아주 많은 기억을 망각하게 하거나 또는 망각하도록 촉진하는 동시에, 서커스를 계속하기 위해 주요 기억을 온전히 유지한다.

이는 세월의 흐름에 따라 도시가 반응하는 양상과 닮았다. 어떤 건물은 파괴되지만 필요한 만큼의 건물은 그대로 남아 보수되고, 옛 건물을 대체하기 위해 그 위에 새로운 건물을 세우기도 한다. 하지만 세계의 많은 대도시에서 거리, 주요 건물, 저수지는 세기에 걸쳐 그대로 유지된다.

인간의 기억도 마찬가지다. 망각은 무차별 폭격의 결과가 아니라 시간이 흐르면서 도시에 나타나는 효과와 훨씬 더 비슷하다. 아테네, 로마, 파리, 심지어 훨씬 더 최근에 발전한 리우데자네이루가 세월이 흘러도 그런 것처럼 인간의 정신은 특유한 성격을 유지한다. 반면 치매는 핵폭탄 투하 직후의

우리의 망각은 다분히 선택적이고
의도적으로 보인다. 우리는 많은
것을 잊어버리지만, 정말로 중요한
건 잊지 않는다.

————

히로시마와 나가사키의 상황과 비슷하다.

　　시간은 인간의 정신뿐 아니라 몸 또한 폐허로
바꿔놓는다. 따라서 그 기술은 가장 귀중한 부분(뇌, 정신,
간, 심장, 동맥, 폐, 신장)이 끝까지 살아 활동을 유지하게 하는
것으로 이루어진다. 앞서 로마인이나 그리스인이 그랬듯,
우리에게는 폐허 위에서 재건하는 일이 남아 있을 뿐이다. 바로
그렇게 함으로써 엘리자베스 1세 여왕, 덩샤오핑, 주세페 베르디,
호르헤 루이스 보르헤스는 멈추지 않고 지속하면서, 팔십 나이가
넘어서도 스타일을 바꾸며, 각자의 일을 탁월하게 해냈다. 다시
말해 오래되고 일부 황폐해진 기억을 새로 지어 올리면서,
복잡하고 거대한 제국을 통치하고, 새롭고 장대한 나라를
세우고, 훌륭한 곡을 작곡하고, 위대한 문학 작품을 쓴 것이다.

　　기억은 오래되고 일부 황폐해질지 모르지만, 한 가지
항목을 잃는 동시에 매일 새로운 다른 항목을 얻는다. 큰
도서관, 휴대전화를 포함한 온갖 기록 장치와 컴퓨터 장치,
인터넷 기반의 검색 프로그램 등 이용 가능해진 대단히 많은
주변 장치를 감안하면, 요즘에는 나이 든 사람이 기억력을
유지하며 계속 일하기가 몇 년 전보다 더 쉽다. 예전에는 정보를

수집해 그것을 기반으로 일하기가 훨씬 더 어려웠으며, 구전이 유일한 정보 저장과 전달 수단인 원시적인 사회에서는 여전히 그렇다.

기억은 어떻게 비과학에서 과학이 되었나

마지막으로 오늘날 과학에서의 기억 연구에 대해 이야기하려 한다. 20세기에, 우리 팀의 연구를 포함해 신경계의 형태, 속성, 기능을 연구하는 과학 분야는 *신경과학*이라는 이름으로 알려졌다. 에스파냐의 조직학자 산티아고 라몬 이 카할(Santiago Ramón y Cajal, 1852~1934), 영국의 생리학자 찰스 스콧 셰링턴(Charles Scott Sherrington, 1857~1952), 러시아의 생리학자 이반 페트로비치 파블로프(Ivan Petrovich Pavlov, 1849~1936) 등이 신경과학의 시조다.

카할은 인간과 척추동물 뇌의 전체 신경 구조를 자세히 연구했다. 오늘날 우리가 알고 있는 뇌의 신경 구조에 대한 지식은 대체로 그가 일군 연구의 결실이다. 셰링턴은

중추신경계 생리 조직이 작동하는 주요 법칙을 밝혀냈다.
이 법칙은 한 뉴런의 자극이 다른 뉴런의 활성화에 영향을
미치는 반사 활동에 기초한다. 파블로프는 학습, 기억, 망각
연구를 생물학 관점에서 접근한 최초의 인물이다. 그는 카할이
확립한 뉴런의 분리 개념과, 앞서 그의 러시아인 선배인 이반
미하일로비치 세체노프(Ivan Mikhailovich Sechenov, 1829~1905)와
이후 셰링턴이 발전시킨 반사 개념을 사용했다. 이들 개척자와
수많은 제자의 연구가 이뤄지기 전에는 인간의 행동을 분명한
뇌 과정과 실제적인 관련성이 없는 가설적 개념으로 설명했다.
하지만 현대 심리학의 시조로 여겨지는 미국의 철학자이자
심리학자인 윌리엄 제임스(William James, 1842~1910)가 일군
선구적인 연구는 예외다. 그는 심리학의 근본 문제 대부분을
제기했다. 이 문제 가운데 몇몇은 생물학적인 성격의 것이었고,
일부는 그의 다음 세기에 생물학적 방법으로 해결되었다.

　　신경과학은 신경해부학, 신경생리학, 신경화학,
신경정신약리학, 신경심리학을 아우르는 한편 다른 분야와도
협력한다. 그중 화학, 컴퓨터공학이 지난 20~30년 동안 매우
두드러졌다.

최근의 정신 치료와 약물요법은 다양한 형태의 인지 치료를 포함하는 신경과학에 뿌리를 둔다. 이는 조현병(정신분열증), 자폐증, 난독증, 우울증, 불안증, 외상 후 스트레스 장애, 공포증, 중독증을 포함해 이전에는 어떤 형태의 치료도 듣지 않던 대단히 다양한 정신 질환의 치료를 가능하게 했다. 지금은 이 모든 장애의 *생물학적* 기반이 알려져 그에 따라 조치를 취할 수 있다.

기억 연구는 심리학 또는 다소 불분명한 철학 분야에 속한다고 여겨지던 100년 전과 달리 이제는 분명하게 신경과학에 속한다. 지난 50년간 신경과학의 발전은 경이로웠다. 그것은 무(無)에서, 가장 빠르게 성장하는 과학으로 발전하며 많은 젊은 과학자를 끌어들이고 있다.

이제 학습, 기억, 망각을 포함해 행동을 통제하는 뇌 기제가 많이 알려져 있거나 적어도 잘 이해되고 있다. 신경언어학, 신경공학, 신경경제학, 신경교육학 등 새로운 과학적 추구가 지난 10~20년 사이에 신경과학에서 뻗어나오고 있다. 이들 학문은 인간의 다른 활동 영역에 신경과학의 법칙과 원칙을 적용한다.

2장

망각의 기술

기억이란 무엇인가

내용의 관점에서 기억에는 몇 가지 유형이 있다.

우리가 흔히 기억이라고 부르는 것은 '서술 기억'이다. 서술 기억은 의미, 이해, 개념을 기반으로 하는 지식에 대한 기억인 의미 기억과, 일화에 대한 기억인 일화 기억(삽화 기억) 또는 자전 기억으로 구성된다. 의미 기억의 대표적인 예는 언어학, 화학, 의학, 심리학 또는 교향악 작품이다. 일화 기억의 대표적인 예는 언어 수업, 영화 또는 우리에게 일어난 일이나 우리가 들은 이야기다. 일화 기억은 우리 자신과 관련이 있을 때만 우리가 그것을 기억하므로, 자전 기억이라고도 한다. 다른 누군가가 본 영화를 우리가 기억할 수는 없다.

감각 또는 운동 기능에 대한 기억은 '절차 기억' 또는 '습관'(컴퓨터 자판 사용법, 자전거 타는 법)이라고 한다. 플루트 연주법을 배우는 것은 절차 기억이고, 플루트 연주곡을 익히는 것은 의미 기억이다. 프랑스어 수업은 일화 기억이고, 프랑스어 지식은 의미 기억이다.

　　'작업 기억'은 특수한 형태의 기억이다. 이는 우리가 학습하거나 인출하는 내용, 그리고 학습 또는 인출이 이루어지는 장소의 본질적 속성과 맥락에 관한 정보를 유지하는 접속 체계라 할 수 있다. 우리는 누군가에게 전화번호를 물어보고 그 번호를 잠깐 동안 *기억*해서 통화한 다음에는 완전히 잊어버린다.

　　전부는 아니지만, 대부분의 서술 기억이 해마라는 측두엽 영역에서 습득되고 형성된다.(그림1) 해마는 내후각피질(entorhinal cortex)이라는 뇌의 나머지 부분, 그리고 내후각피질 앞쪽에 위치해 역시 인접한 편도체(amygdala, 라틴어로 '작은 아몬드'라는 뜻)라는 둥근 핵복합체(nuclear complex)와 연결되어 있다. 계통발생학적으로 오래된 피질 조직에 속하는 해마는 내후각피질이나 편도체 같은 훨씬 더 최근에 생겨난 인접한 피질 영역의 도움에 힘입어 모든 서술 기억을 다양한 피질 영역에 저장한다.

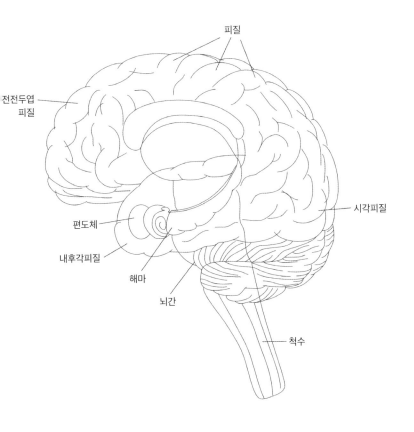

그림1 좌뇌. 측두엽 안에 있으면서 기억 형성에 관여하는 주요 조직(해마, 편도체, 내후각피질)과 다른 신경조직(전전두엽피질, 나머지 피질, 뇌간, 소뇌, 척수)의 위치를 보여준다. 해마, 편도체, 내후각피질은 서술 기억에 관여하고 이 그림에서는 보이지 않는 기저핵과 소뇌는 절차 기억 또는 습관에 관여한다.

절차 기억은 소뇌와 이른바 기저핵(basal ganglia)에서 만들어진다. 기저핵에서 가장 중요한 부위는 미상핵(caudate nucleus)이다. 중독을 일으키는 기억은 중독 물질을 갈구하는 동안 망상이나 섬망(외부 세계에 대한 의식이 흐리고 착각과 망상을 일으키는 의식장애로, 서술 기억 요소로 이루어진다)을 일으키지만 주로 절차 기억으로 여겨지는데, 해부학적으로 기저핵과 연결된 측중격핵(중격의지핵, nucleus accumbens)에서 형성되어 저장된다. 역시 중독의 일부 측면에 일조하는 편도체도 개체발생학적(계통발생은 생물의 여러 속·종이 진화해온 과정을 말하고, 개체발생은 수정란이 성체와 같은 형태를 지닌 개체로 성장하는 것을 의미한다―옮긴이)으로 그리고 해부학적으로 기저핵과 연관되어 있다.[9]

단기 기억과 장기 기억

지속 기간의 관점에서 기억은 단기 기억(6시간 이하)과 장기 기억(6~24시간 이상)으로 분류된다. 어린 시절 기억처럼 몇 주일,

몇 년, 심지어 몇 십 년 동안 지속되는 장기 기억은 원격(remote) 기억(옛날 기억 또는 오래된 기억)이라고 부른다. 장기 기억은 대부분 하루나 이틀 밖에 지속되지 않는다. '재응고화'(뒤에서 다룬다)로 반복해서 강화되지 않는 한, 그냥 사라진다.

기억은 무엇보다 우리가 흔히 *학습*이라고 부르는 습득 과정으로 형성된다. 온갖 경험으로 인식한 정보가, 서로 밀접하게 연관되는 생화학 신호와 전기 신호로 이루어진 뇌의 언어로 번역된다.(자세한 내용은 역시 뒤에서 다룬다)

학습 경험의 원천은 몸의 외부(우리는 이를 감각 기관으로 인식한다)나 내부(복통이나 방광이 꽉 찬 느낌처럼 내부 감각 수용 체계를 통해 인식한다)나 정신(다른 기억, 현재와 과거를 연관 짓기, 아직 일어나지 않은 일 예측하기)에 있다.

우리가 평생 학습 가능한 경험의 수는 제한적이지만 분명 무한하고, 형성 가능한 기억의 수 역시 그렇다. 일단 경험이 뇌의 언어로 번역되면 그 결과 생긴 정보는 기억 흔적이나 기억 파일로 응고화된다. 응고화된 정보는 뇌의 다양한 부위에 있는 시냅스망에 뇌의 언어로 저장된다.

먼저 해마에서 주로 일어나는 응고화 과정은 대략

6시간까지 걸리는데 이를 '세포 수준의 응고화'라고 한다. 피질 영역에서 동시에 (가장 먼저 내후각피질에서, 그런 다음 다른 영역에서) 시작되어 훨씬 더 오래 지속되는 또 다른 응고화 과정을 '시스템 응고화'라고 한다. 이것은 며칠, 몇 개월, 또는 심지어 몇 년 동안 세포 수준의 응고화를 넘어 이어진다.[9,10]

아주 장기간에 걸친 시스템 응고화 과정은 몇 개월 또는 몇 년 전에 습득한 기억에 가하는 반복적인 전기 경련 충격이 그 기억의 상실에 어떤 영향을 미치는지 관찰하다가 발견됐고,[10] 오래된 기억에 잘못된 세부 사항이 자연스럽게 편입되는 것을 여러 차례 목격하면서 확실히 입증됐다.

시스템 응고화는 뉴런 돌기와 시냅스의 위축뿐 아니라 새로운 뉴런 돌기와 시냅스의 성장을 수반하는 복합적인 뉴런의 재배열로 이루어진다. 세포 수준의 응고화와 시스템 응고화 사이의 생리적 연관성은 여전히 연구 중이지만, 여기에 해마가 관여한다는 사실은 알려져 있다.[10]

우리는 왜 잊는가

기억의 인출, 즉 기억을 꺼내오는 일에는 원래 기억을 형성한
조직과 후두정엽피질(posterior parietal cortex)을 포함한 다양한
피질 영역이 모두 필요하다. 후두정엽피질은 우리가 특정한
때에 위치해 있는 공간을 인식하는 데 관여한다고 최근
알려졌다.[9] 이들 특정한 뇌 영역이 학습을 통해 저장되어 뇌의
언어로 부호화한 정보를 어떻게 일상 언어로 재조립하는지, 그
기제는 아직 밝혀지지 않았다.

지금까지 밝혀낸 증거들은 우리에게 일생 동안
대부분의 기억이 잊힌다는 사실을 알려준다. 이는 몇 가지
의문으로 이어진다.

첫 번째 의문은 이것이다.

"우리는 *왜* 잊을까?"

이 질문에 부분적으로 답하자면, 기억을 형성하고
인출하는 기제가 포화될 수 있기 때문에 잊는다. 이
기제가 온갖 기억, 다시 말해 이미 존재하는 기억과 매순간
습득하는 기억을 위해 일제히 쉴 새 없이 작동할 수는 없다.

쓰이지 않는 기존 기억은 새로운
기억에 자리를 물려주기 위해
정리되어야 한다.

———————

그래서 쓰이지 않는 기존 기억은 새로운 기억에 자리를
물려주기 위해 정리되어야 한다.

　　우리는 뇌가 각 기억의 주요 요소를 저장하기 위해
사용하는 기제를 정확히 알지 못한다. 아직 기억을 구성하는
주요 요소가 무엇인지조차 정확히 모른다. 하지만 이 기제를
조절하고 기억의 중요한 측면을 이해하게 해주는 생화학적
단계는 상당히 많이 알려져 있다.[9]

　　현대 신경과학의 시조 중 한 사람인 산티아고 라몬
이 카할이 1893년에 주장한 대로,[11] 기억 형성에 관여하는
일부 시냅스의 구조적·기능적 조절을 통해 기억이 저장된다는
사실이 여러 실험으로 입증되었다.[9,10] 뇌에서 유래한
신경영양인자(brain-derived neurotrophic factor, BDNF), 다시 말해
폭넓은 뇌 영역에서 만들어지는 펩티드가 이때 핵심 역할을
한다. BDNF는 대부분의 기억을 형성하는 해마 그리고 형성된
기억 가운데 많은 것을 저장하는 신피질에서 기억 형성의
다양한 단계마다 만들어진다.[9] 신경영양인자로는 가장 먼저
규명된 신경생장인자(nerve growth factor, NGF, 표적이 되는 특정한
뉴런의 성장, 유지, 증식, 생존의 통제에 관여하는 신경영양인자―

옮긴이)와 교질세포(신경조직에서 뉴런을 둘러싸고 지지하면서 영양
활동이나 대사 물질 처리를 도와주는 비신경세포[9])가 만들어내는
물질이 있다. 기억이 뇌 조직 곳곳에서 시냅스의 형태와 수를
변화시킨다는 증거가 있다.[12,13]

인간의 뇌에는 800억 개가 넘는 뉴런이 있다. 피질과
해마에 있는 뉴런은 1,000개와 1만 개 사이의 축삭돌기 말단을
받아들인다.(그림2) 그래서 뇌세포들이 기능적으로 서로 교류할
가능성은 엄청나고, 이들 시냅스 각각은 다양하고도 많은
기억에 관여한다. 따라서 뇌의 정보 처리 능력은 어마어마한데,
해마 그리고 기억을 형성하고 유지하는 일에 관여하는 피질
영역은 특히 그렇다.

망각의 네 가지 기술

이제 두 번째 의문이 고개를 든다.

"우리는 무엇을 위해 잊을까?"

이 질문에 답하려면 몇 가지 다양한 측면과 차원을

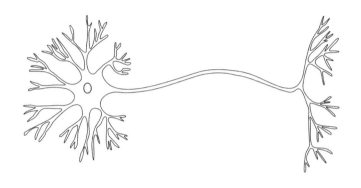

그림2 뉴런. 전형적인 뉴런의 모습이다. 그 세포체가 약간 피라미드처럼 보이는 까닭에 '피라미드 세포'라 부른다. 세포체에서 오른쪽으로 길게 이어지는 부분은 '축삭돌기'라 부르는데 이 축삭돌기의 시작 분절(여기서 극파가 발생한다)에서 그 말단(다른 신경세포 또는 근육세포나 선세포 같은 다른 세포의 시냅스에 위치한다)으로 극파가 전달된다. 축삭돌기는 세포체에서 바로 뻗어나오는 수상돌기보다 가지가 덜 갈라진다. 수상돌기는 1,000~1만 개에 이르는 축삭돌기 말단 각각의 종말단추(축삭돌기 끝에서 여러 개의 가지로 나뉘며 끝나는 지점―옮긴이)를 받아들인다. 수상돌기 덕에 한 뉴런이 다른 뉴런으로 내보내는 것보다 훨씬 더 많은 양의 메시지(다른 뉴런에서 오는 극파가 가져다준다)를 받아들일 수 있다.

어떤 향기에 대한 기억은 어머니나
첫사랑 또는 둘 모두에 대한 기억,
아니면 저 두 사람에 더해 다른 향기에
대한 기억과 함께 찾아온다.

————————

분석해야 한다. 지금부터 나는 그 답의 일부를 제시하려 한다.

보르헤스는 〈기억의 천재 푸네스〉에서 "*일반화가 필요한 사고(思考)를 하려면 망각해야만 한다*"고 말했다.[14]

망각은 보통 기억을 떠올릴 수 없음을 의미한다. 기억이 떠오르지 않게 하는 방식에는 기본적으로 네 가지가 있다. 습관화, 소거, 차별화(변별), 억압이 그것이다. 앞의 세 가지는 학습 형태다.

이 네 가지 방식은 모두 기억을 지우는 대신 기억으로의 접근 가능성을 떨어뜨린다. 이들은 여러 면에서 망각과 비슷하고, 어떤 신경과학자는 망각의 한 형태로 보기도 한다. 사실상 이 네 가지가 대부분의 사람이 망각이라고 하는 것(기억을 '불러낼 때' 그야말로 그 기억이 '없는 것')을 이룬다. 이들은 기억 파일을 삭제하거나 삭제를 요구하는 대신 기억을 인출할 때 사용하는 '자극에 대한 반응'을 억제한다.

신경과학 분야에 몸담지 않은 이들 가운데, 우리가 기억을 책꽂이에 꽂힌 책처럼 개별적으로 뽑히고 분리되는 작은 꾸러미 형태로 뇌에 보관한다고 믿는 사람이 있다. 하지만 이는 사실이 아니다. 하나의 기억을 그것과 연결된 다른 기억에서 분리해 때맞춰 또는 시간을 두고서 빼낼 수는 없다. 어떤 향기에 대한 기억은 어머니나 첫사랑 또는 둘 모두에 대한 기억, 아니면 저 두 사람에 더해 다른 향기에 대한 기억과 함께 찾아온다. 내게 옴의 법칙에 대한 기억은 나의 고등학교 물리 교사의 얼굴 그리고 50년 전 UCLA에서 두 번째 박사 후 과정을 밟을 때 멘토였던 존 그린의 얼굴과 더불어 떠오른다.

그래서 *시간*만이 많은 기억(앞서 말한 대로 어제 오후 또는 작년의 기억)을 확실히 삭제하며, 그 외에 기억을 지우기 위해 할 수 있는 일은 거의 없다. 우리 스스로 기억하지 않도록 훈련하는 경우를 제외하고는 말이다.

'망각의 기술'은 기억이 떠오르지 않게 하는 이들 네 가지 방식(습관화, 소거, 차별화, 억압)을 이용하고 또한 기억을 변조하는 데 집중된다. 따라서 그것은 진짜 망각의 기술이 아니라, 뇌가 기억을 억제해야 하는 과정을 우리에게 유리하도록 이용하는 방법을 학습하는 기술이다.

우리는 기억을 인출할 때만 그 기억을 소유하고 있다는 사실을 깨닫는다. 그 외에는 기억은 저 너머, 우리가

닿지 못하는 곳에 있다. 망각의 기술은 애석하게도 다른 어떤
기술만큼이나 불완전해서 기억의 삭제를 촉진하거나 방지하는
기술이 아니다. 뇌는 우리에게 이익이 되도록, 우리 의지의 어떤
관여도 없이 단독으로 이 기술을 행한다.

습관화, 생존에 도움을 주는 기술

기억의 인출을 억제하는 가장 간단한 과정은 습관화이다.
습관화는 이반 페트로비치 파블로프가 20세기 초에 처음
이야기한 개념인데[15] 예를 통해 가장 잘 설명된다. 처음 방에
들어가서 좀 더 익숙해질 때까지 우리는 대개 방을 둘러본다.
그러다가 어떤 소리를 듣거나 섬광에 노출되거나 누군가 방에
들어오면 자극이 오는 방향으로 고개를 돌린다. 이런 자연스런
반응은 파블로프가 '뭐지? 반사'라 이름 붙이고 대부분
과학자는 '지향 반응'이라고 부르는 것이다. 새로운 자극에
반응하는 동물은 모두 지향 반응을 보인다. 인간보다 더 예민한
후각이나 청각 체계를 가진 개, 고양이, 또는 다른 동물은 귀와

코에 자극이 오는 방향으로 향한다.

　　　지향 반응은 자극이 반복될수록 강도가 줄어들고 마침내 사라진다. 이런 점진적인 반응의 억제를 습관화라고 하는데, 가장 단순한 형태의 학습이다. 일단 자극에 습관을 들이면 그에 대한 반응이 오랫동안 계속 억제된다. 경적 소리를 들으면 처음에는 놀라서 그 소리가 난 쪽으로 고개를 돌린다. 하지만 열아홉 번째로 경적 소리를 들으면 그냥 무시해버린다. 습관화는 새로 끼어든 다른 자극이나 원래 자극의 강도 변화에 의해 취소된다. 그 소리가 더 크게 재생되거나 어조가 달라지거나 빛이 더 밝아지거나 우리가 들어가는 방이 이제 짐으로 가득 차 있거나 하면 말이다. 습관화는 단순하기는 해도 다른 종류의 학습과 마찬가지로 해마에서 일어나는 일련의 긴 생화학적 단계를 요구한다.[9]

　　　일단 습관화가 확립되더라도 ‘뭐지? 반사’가 사전 예고 없이 다시 일어나기도 하는데, 이를 ‘자발적 회복’이라고 한다. 간단한 상황 변화도 지향 반응을 회복시킬 수 있다. 이를 ‘재생’이라고 한다. 예를 들어 어떤 방에서 호루라기 소리에 습관화한 다음 다른 방에서 또 그 소리를 들으면 보통 지향 반응이 다시 나타난다.

'뭐지? 반사'는 방어적 성격을 가지고 있어서 생존에 도움을 준다. 보거나 듣는 것으로 새로운 자극이나 상황에 반응하지 않으면 인간은 위험을 탐지하지 못할 수 있다. 습관화는 우리가 세상을 좀 더 마음 편하게 돌아다니도록 도와준다. 공항 같은 시끄러운 장소 또는 극장처럼 빛이 많거나 공공시장처럼 여러 목소리가 뒤섞이는 곳에서 일해야 하는 사람들의 경우가 그렇다. 또 첫날은 새로운 소리, 얼굴, 장소, 그리고 다른 자극으로 가득한 놀라운 미지의 세계에 들어선 듯 다가왔지만, 매일 학교에 가는 것이 몸에 배인 아이의 경우도 마찬가지다. 뒤에서 자세히 얘기할 환자 H.M.은 해마와 주변 조직의 양측성 외과적 손상을 입었는데, 새로운 자극을 습관화하는 일에 큰 문제를 보였다. 실제로 습관화는 해마가 조절한다.

습관화 외에 다른 세 가지 주요한 망각의 기술을 이해하기 위해, 역시 파블로프가 이야기한 학습 형태의 하나인 조건화를 잠시 살펴보자.

조건 반사와 소거

파블로프가 신경과학에 한 주요한 기여는 전 세계에 조건화로 알려진 조건 반사를 발견한 일이다.[15]

어떤 상황, 소리, 빛, 냄새 같은 중립적인 자극이 파블로프가 "생물학적으로 의미 있는"(항상 먹이, 물, 고통, 아픈 느낌 같은 반응을 이끌어내는) 자극이라고 말한 것과 반복적으로 병행되면 전자에 대한 반응은 후자와의 연관성에 의해 조건화되어 달라진다. 예를 들어 특정 신호음을 내는 일과 먹이 주는 일이 병행되면 개는 그 신호음에 타액을 분비하는 반응을 보인다. 이때 신호음은 조건 자극, 먹이는 무조건 자극, (개가 습득한) 신호음에 타액을 분비하는 반응은 조건 반사다.

이 과정은 아주 다양한 자극과 함께 활용할 수 있다. 소리 자극이나 빛 자극을 전기충격과 병행하면 그에 대한 방어적인 조건 반사로 다리를 구부리는 반응이 유도되고, 이는 인간에게 공포감과 연관되기에 이런 과정을 공포 조건화라 한다.

19세기 말에 처음으로 규명된 이런 유형의 조건화는

고전적 조건화 또는 파블로프의 조건화라고 부른다. 이는

간단하면서 빠르게 습득되기 때문에 기억과 망각을 연구할 때

실험실에서 가장 널리 이용하는 학습 유형이다.[16-23]

무조건 자극이 조건 반응에 의존해 전달되면, 그 반응이

무조건 자극을(먹이면 타액의 분비를, 또는 사지 전기충격이나 맛이

안 좋은 것이면 피하도록) 유발하는 도구이므로, 이 조건화는

도구적이다. 도구적 조건화는 상트페테르부르크에 있는

파블로프 실험실의 폴란드 생리학자 예르지 코노르스키(Jerzy

Konorski)와 미국 심리학자 벌허스 스키너(Burrhus F. Skinner)가

비슷한 시기에 행한 각기 다른 연구로 알려졌다. 코노르스키는

처음에 도구적 조건화를 '2유형 조건화'라고 불렀다. 스키너는

'조작적 조건화'라는 이름을 붙였는데, 그의 실험에서는

동물이 먹이를 배달해주거나 사지 전기충격을 피하게 해주는

지레 또는 다른 도구를 조작함으로써 도구적 반응을 행한

까닭이었다.[16] 동유럽인은 분류하는 경향이 좀 더 강하고,

미국인은 장치에 좀 더 능숙한 법이다.

무조건 자극은 조건 행동을 강화하는 역할을 하기

때문에 '강화물'이라고 부른다. 일단 조건화를 확립한 뒤

강화물을 생략하면, 동물은 조건 반응을 억제하게 된다. 이것이 '소거'라는 학습 형태다. 소거는 도구적 조건화보다 고전적 조건화에서 더 빠르게 이루어진다.

일반화와 차별화

변별 또는 차별화는 생물학적으로 의미 있는 반응을 일으키는 자극과 *질적으로 비슷한* 자극에 대한 반응을 억제하는 것이다. 이 역시 예를 통해 가장 잘 설명할 수 있다.

예를 들어 10킬로헤르츠의 신호음에 뒤이어 고기가 나오는 조건화 과정에 따라 훈련된 동물은, 고기를 예상하고 신호음에 침을 흘리도록 학습할 수 있다. 다른 신호음, 말하자면 10킬로헤르츠의 신호음과 '질적으로 비슷한' 11 또는 15킬로헤르츠의 신호음에 노출되어도 동물은 그 신호음이 제시되는 처음 몇 번은 역시 침을 흘린다. 이것을 일반화라고 한다. 하지만 10킬로헤르츠 외의 다른 신호음에 고기가 뒤따라오지 않으면, 동물은 곧 침 흘리기를 중단하고 항상

고기가 뒤따라오는 10킬로헤르츠의 신호음에만 반응해 침을
흘릴 것이다.

일반화는 아주 흔한 현상이고 어린 아기가 주변의 모든
남성을 *아빠*라고 부르기 시작할 때도 똑같이 일어난다. 아기
어머니로서는 다행이게도, 곧 아기는 진짜 아버지를 가리키는
데만 한정해서 이 말을 쓰도록 스스로 학습한다. 부적절한
자극에 대한 반응(다른 신호음에 반응한 타액의 분비 또는
아무에게나 "아빠"라는 말을 쓰는 것)을 억제하는 걸 차별화 또는
변별이라고 하며 이는 학습된다.

파블로프는 라몬 이 카할, 찰스 셰링턴과 함께
신경과학의 창시자다. 그가 습관화, 조건 반사, 소거를
발견하면서 실험적인 행동 분석이 시작되었고, 그 신경적
기반을 찾아내려는 시도가 싹텄다.

망각의 기술을 이루는 두 가지 기둥

말할 필요도 없이 습관화와 차별화는 망각의 기술을 떠받치는

두 가지 기둥이다.

습관화가 없다면, 삶은 이해할 수 없는 감각 자극의 더미일 것이고 우리는 그 모든 자극에 항상 반응할 것이다.

차별화가 없다면, 우리는 여러 가지 중 우리에게 의미 있는 무언가를 구별하지 못할 것이다. 이렇게 보면, 습관화와 차별화는 삶의 필수 요소다.

습관화하는 방법, 의미 있는 자극이나 정보를 다른 모든 것과 변별하는 방법을 더 잘 학습할수록 우리는 더 나은 삶을 살 것이다.

기억하지 않는 두 가지 다른 방법이 있다. 이 두 가지 방법은 실제로 정보를 분실하는 것, 즉 진짜 망각이어서 망각의 기술은 아니다.

하나는 기억의 응고화를 막는 방법, 다시 말해 기억을 습득하자마자 지우는 방법이다. 기억을 습득한 직후 두뇌 외상을 입거나 뇌의 활동을 둔화시키는 마취제 또는 다른 약물을 투여하면 기억의 응고화를 막을 수 있다.[17] 케이오를 당한 권투선수가 깨어나서 자신이 몇 회전에서 케이오를 당했는지 기억하지 못하기도 한다. 마취에서 깨어난 환자는 자신이 받은 수술을 기억하지 못한다. 알코올 중독자는 취해서 한 일을 기억하지 못한다.

기억을 없애는 또 다른 방법은 알츠하이머병의 경우나 어제 아침 일을 잊는 경우처럼 기억이 응고화되고 오랜 후에 그 기억을 지우는 것이다. 이런 형태의 진짜 망각은 기술이 아니다.

보르헤스의 말대로, 망각은 필시 불가피하기는 하지만 어쨌거나 애석한 일이다.

"망각은 사고하기 위해, 일반화하기 위해 필요하다."[14]

매일의 사소한 기억을 잊지 않으면, 정신은 쓸모없는 정보로 언제나 넘쳐날 것이다. 하지만 기억을 지우는 것은 냉정히 말해 애석한 일이다. 뇌는 여러 다양한 기억을 형성하고 유지하기 위해 에너지를 소모하고 뇌의 많은 경로를 활성화하는 수고를 들이기 때문이다.

고전적 조건화나 도구적 조건화는 병사의 상병 진급부터 첫 입맞춤, 플루트 연주법의 학습까지 일상적으로 모든 인간 활동에서 이용된다.

대단히 자동화된 오늘날 사회에서, 무지로 인해 조건 반사의 존재를 싫어하고 심지어 부정하는 사람이 일부 있다는 진짜 망각은 기술이 아니다.

_____

점은 흥미로운 사실이다. 그들은 반사는 자동적이고, 생각하는
존재인 우리 인간은 그처럼 자동적인 기계가 아니라고
생각한다.

　　우리 인간은 분명 자동적인 기계가 아니며, 반사는 그들
생각만큼 자동적이지 않다. 자동판매기의 행동조차 드라이버로
투입 또는 방출을 차단하는 것을 포함하는 다양한 방법으로
조절할 수 있다. 조건 반사 역시 피곤하게 하거나 화나게 하거나
뭘 마시게 하거나 기분이 좋거나 나쁘게 하는 등 다양한
방법으로 조절할 수 있다.[9,16,17] 기억의 응고화, 그리고 기억과
감정에 대해서는 앞으로 좀 더 자세히 살펴볼 예정이다.

　　그렇다. 우리는 결국 인간이며, 우리도 그리고 다른 어떤
생명체도 자동적이지 않다. 하지만 우리는 모두 조건 반사를
가지고 있다. 조건 반사를 이용해 물이나 음식을 구하고,
성교를 하고, 국가(國歌)를 부른다. 조건 반사가 존재하지
않는다고 생각하는 사람은 고등학교로 돌아가 생물 수업을
다시 들어야 한다. 물론 그러려면 조건 반사를 상당한 정도로
이용해야 할 것이다.

3장

기억과 뇌

노인이 지나간 시절을 더 잘 기억하는 이유

앞서 말한 대로 기억은 기능과 지속 기간에 따라 몇 가지 유형으로 나뉜다.

여러 유형 중 작업 기억은 필요한 순간 부분적으로 작동해서 어떤 경험이 중단된 이후 몇 초 또는 몇 분 동안만 지속된다. 인간은 자기를 둘러싼 현실을 이해하고, 다른 형태의 기억을 효과적으로 형성하거나 인출하기 위해 작업 기억을 이용한다. 여기서 다른 형태의 기억이란 몇 분 또는 몇 시간 동안 지속되는 단기 기억(단기 기억에도 여러 가지 유형이 있다[18])과 며칠, 몇 년, 또는 몇 십 년 지속되는 장기 기억을 말한다. 가장 오래 지속되는 기억은 흔히 원격 기억이라고 한다. 아주 나이가 많은 사람들에게 어린 시절의 기억은 멀리 떨어져 있다. 하루 또는 일주일 전의 기억은 그냥 장기 기억이다.

　　작업 기억의 좋은 예는 '이전 구절의 네 번째 단어'이다. 내가 그 구절을 쓸 때 또는 여러분이 그것을 읽을 때, 네 번째 단어는 우리가 그 구절을 이해하기 위해 필요한 동안만 *기억되었다*가 몇 초 안에 영원히 사라졌다. 만약 작업 기억이 작동하지 않으면, 우리는 혼란에 빠져 더 읽거나 쓸 수가 없을 것이다.

　　작업 기억이 작동하는 또 다른 예는 전화번호를 물어보고서 사용할 때까지만 기억했다가 완전히 잊어버릴 때이다. 곧바로 영원히 잊지 않으면, 그것은 다른 전화번호와 은행계좌 비밀번호를 포함해 우리가 그날 사용할 온갖 숫자의 습득이나 인출을 어렵게 만들 것이다.

　　노인은 젊은이보다 원격 기억, 즉 옛날 기억을 더 잘 기억해내는 경향이 있다. 보르헤스는 그것이 '행복한 시절'의 기억이기 때문이라고 말했다. 우리가 젊었고, 밤새도록 춤을 출 수 있었으며, 온갖 신곡의 가사를 줄줄 외웠고, 자주 사랑에 빠졌으며, 공을 꽤 잘 다뤘고, 세상을 바꾸리라고 생각했던 때 말이다.

노인에게 좀 더 최근은 '상실의 시절'이다. 해가 갈수록 사랑하는 사람을 떠나보내고, 몸의 기력이 쇠하고, 때로는 건강을 잃는다(심장병, 고혈압, 당뇨병, 관절염은 노인에게 더 흔하다). 다양한 질병을 달고 살며 소중한 친구나 친척을 잃는 요즈막보다는 청춘의 행복한 시절을 기억하는 쪽이 확실히 더 즐겁다. 최근 기억이 이 온건한 수준의 선택성을 넘어서는 정도로 상실되면, 그것은 뇌 질환의 시작을 알리는 것일 수 있고 이로 인해 더 이상 정상적인 생활을 못할 수도 있다. 그는 어디로 가거나 대화를 나누거나 간단한 일을 하는 능력을 상실할지 모른다.

나이 들수록 좋은 일을 기억하려 하거나 기억을 실제보다 더 아름답게 꾸미려는 경향이 높아진다는 사실을, 일부 심리학 연구는 말해준다.

노인이 최근보다 지나간 시절을 더 잘 기억하는 또 다른 이유는 보르헤스가 생각한 만큼 온건하지 않다. 그 이유는 노인의 경우 젊은 시절만큼 작업 기억과 단기 기억 체계가 원활히 작동하지 않고 최근 기억의 인출도 잘 이뤄지지 않기 때문이다. 대부분의 경우 이런 손실은 병적이라고 보기에는 노인에게 좀 더 최근은 '상실의 시절'이다.

————

무리가 있다. 하지만 다른 경우에는(75세가 넘은 노인의

20퍼센트 정도) 경도인지장애(minimal cognitive impairment, MCI,

최소인지장애로도 부른다)라고 하는, 좀 더 포괄적인 기억장애일

수 있다.

작업 기억이 작동하지 않으면
무슨 일이 벌어질까

작업 기억은 지속되는 기억 파일을 형성하지 않고 몇 초 또는

기껏해야 몇 분 만에 사라져서 이전 또는 이후의 정보를

방해하지 않는다. 그것은 전외측 전전두엽피질의 전기 활동,

그리고 그보다는 덜한 정도로 다른 전전두엽 영역의 전기

활동에 의존한다. 이들 뉴런의 활동이 멈추면, 즉 자극 후 몇

초가 지나면 작업 기억 역시 사라진다. 일부 전전두엽 뉴런은

특정한 자극이 끝날 무렵에 점화되기 시작한다. 이는 '꺼짐

반응'이라고도 하는데 감각 또는 감각 운동 경험의 종료를

알린다. 이것은 감각피질 영역에서도 보이는데 자극의 중단을

알린다.[19, 20]

뉴런은 화학 신호에 의해 활성화되고 이를 축삭돌기에서 발생하는 전기 신호로 변환한다. 이 전기 신호는 시냅스 말단까지 전도되는데, '점화'라는 폭발적이고도 빠른 전위 변화로 기록된다.

작업 기억 기제가 작동하면, 전전두엽피질이 처리한 정보가 뇌의 다른 영역에 전해져 각자의 점화율을 비교함으로써 그것들과 정보를 교환한다. 이들 영역에는 감각 정보를 분석하는 영역과 좀 더 오래 지속되는 기억 체계에 정보를 저장하는 영역이 포함된다. 이 정보 교환은 신속하게 이루어지고, 여러 가지 정보 중에서 들어오는 정보가 새롭고 중요해서 저장해야 하는지 아니면 이미 알려진 정보여서 무시하거나 삭제해도 좋은지 뇌가 인식할 수 있게 한다.

이로써 우리는 획득한 정보를 동시에 또는 아주 짧은 간격을 두고 분석한다. 덕분에 우리는 선율을 알아듣거나 단락 전체 또는 페이지 전체같이 긴 글을 이해할 때, 좀 더 큰 맥락 안에서 특정한 구절과 특정한 단어를 사용할 수 있다. 또 길 건너편 벽에 기대 선 남자를, 지나가는 다른 사람과 벽

자체로부터 구별할 수 있다. 거리를 따라 달리는 자동차와
그것이 지나가는 동안 여전히 고정되어 있는 나무를 식별하고,
자동차의 속도를 추정할 수도 있다. 새로운 정보를 기존 정보와
비교해 새로운 것과 이미 아는 것을 분별해 인식한다.

　　작업 기억은 본질상(전전두엽피질 세포가 만들어내는 몇
초 간 지속되는 일련의 전기 신호) 그리고 기능상, 잠시 동안만
지속되다가 사라진다.[20] 작업 기억의 본질과 기능 사이의 이런
연관성은 우리 인간이, 뇌와 작업 기억 기제를 가진 다른 모든
생명체와 공유하는 기술의 한 형태로 볼 수 있다. 다른 동물이
인간보다 이 기제가 더 발달한 것으로 알려져 있다. 그럼에도
인간의 작업 기억 기제는 꽤 훌륭하다. 그것은 우리가 생각하고,
이해하고, 우리 감각이 감수하는 정보의 홍수 속에서 일할 수
있게 해준다.

　　작업 기억이 작동하지 않으면 어떤 일이 벌어질까?
연속해서 또는 동시에 들어오는 정보를 식별하는 능력을
상실하게 된다. 물론 전부는 아니지만, 많은 경우 우리는 동시에
들어오는 정보를 빠르게 훑어 인식해서 그것이 빈틈없이
연이은 정보인 듯 처리한다.

작업 기억이 작동하지 않으면, 우리는 지나가는 사람이나 벽 자체로부터 벽에 기대 선 남자를 잘 구별할 수가 없다. 작업 기억에 문제가 있는 교사는 학급 학생들을 여러 얼굴을 가진 하나의 덩어리로 인지할 것이다. 그리고 특정한 학생이 한 질문은 다른 학생이 한 질문 그리고 복도에서 나는 소리와 뒤섞일 것이다. 냄새, 형태, 소리가 뒤죽박죽이 된다. 완전한 환각은 아닐지라도 현실이 다양한 정도로 이해할 수 없는 상태가 된다. 지치거나 잠을 많이 못 잘 때, 또는 과도한 정보와 스트레스가 쏟아질 때, 우리는 이런 상태를 언뜻 감지한다.

조현병은 현실에 대한 거짓되거나 기형적인 인식(환각)으로 이어지는 작업 기억의 기능 상실을 동반한다. 조현병 환자는 전전두엽피질과 해마가 손상되는데, 많은 정신과 의사가 조현병을 이러한 해부학적 결함에 따른 것으로 본다.[21]

환각 상태가 만든 장기 기억은 망상으로 체계화되는데 이런 망상 중 많은 것이 평생토록 조현병 환자를 따라다닌다. 선택적으로 환각이나 망상을 줄이는 약과 함께 세심한 정신 치료를 병행하면, 조현병 환자가 다른 어느 누구와도 공유할 수 없는 자신의 혼미한 의식 세계와, 세상 사람과 공유하는 세계를 구별하도록 서서히 도울 수 있다. 론 하워드가 연출하고 러셀 크로가 주연한 〈뷰티풀 마인드〉는 다소 도식적이기는 하지만 이를 아주 잘 보여준다.

기억에 관여하는 뇌 영역

앞서 말한 대로 작업 기억은 주로 전외측 전전두엽피질과 이 피질의 다른 부위에 위치한 뉴런의 작용에서 비롯된다. 해마뿐 아니라 신경 섬유를 해마로 직접 내보내거나 해마로부터 받아들이는 인접한 피질, 그 피질의 나머지 부분, 그리고 일부 다른 뇌 영역은 다른 유형의 기억을 담당한다.

해마는 계통발생학적으로 측두엽피질의 오래된 부위로, 인간의 경우 약간 안으로 말려서 마치 핫도그 속의 소시지 같다.(43쪽 그림1) 해마에는 몇 가지 기능이 있는데, 주요 기능은 기억을 형성하고 인출하는 것이다. 또 해마에 가장 가까운

부위인 내후각피질(계통발생학적으로 좀 더 최근에 생겨났다)부터
시작해서 그 피질의 나머지 부분이 기억의 형성과 인출에
참여하도록 이끈다.

　　내후각피질은 해마 바로 아래에 있는데, 여러 다발의
축삭돌기가 내후각피질과 해마 그리고 그 피질의 나머지
부분을 연결해준다. 내후각피질은 편도핵복합체(편도체)와도
연결되어 있다. 편도체는 몇 개의 아핵으로 이루어지고 모양은
아몬드와 비슷한데 막 차려고 발 앞에 놓은 공처럼 해마
앞에 놓여 있다. 그래서 내후각피질은 그 피질의 나머지 부분,
편도체, 해마와 양방향으로 연결되어 있다.

　　편도체의 몇몇 아핵은 감정을 등록해서 그에
반응하고, 편도체의 기저외측 핵복합체는 감정, 특히 정서적
각성을 *번역*해 그 정보를 해마와 뇌의 나머지 부분으로
보낸다.[9, 17, 22]

　　해마와 그 연결부는 기억의 형성과 인출에 관여하는
주요 부위이다. 편도체는 요리하면서 소금과 후추를 가미하듯
기억 처리에 정서적 각성을 더한다.

　　앞서 말한 대로, 맥고(1966년)[23] 이래 기억의 형성은

응고화 과정으로 이루어진다고 여겨져 왔다. 응고화에
의해, 학습이나 습득(인지신경과학자들은 이들 용어를 동의어로
사용한다) 과정 동안 뇌가 등록한 신호들이 조합되어,
시냅스후뉴런(시냅스를 사이에 두고 신호를 내보내는 축삭돌기
쪽 뉴런을 시냅스전뉴런, 신호를 받아들이는 수상돌기 쪽 뉴런을
시냅스후뉴런이라 한다—옮긴이)의 수상돌기나 다른 위치에서
화학적으로 촉발되는 특정한 변화로 변환된다. 이것이
시냅스후전위(몇 밀리볼트[mV]의 전압으로 몇 밀리초[ms] 동안
지속된다)라고 하는 국소적이고 단계적인 소규모 전위 변화를
발생시킨다.[9]

51쪽 그림2는 해마를 포함해 대뇌피질에 있는 주요
세포의 전형적인 뉴런을 보여주는데, 그 세포체의 형태 때문에
피라미드 세포라 불린다.

뉴런은 두 가지 종류의 연장부를 방출한다. 하나는 좀
더 길면서 보통 뉴런 하나당 한 개가 있다. 세포체로부터 멀리
떨어진 곳에서 가지를 내고 그 뉴런이 내보내는 신호를 다른
세포로 전달하는데, 이를 축삭돌기라고 한다. 다른 하나는
뉴런 하나당 몇 개가 있다. 훨씬 더 짧으며 가지를 아주 많이

내고 다른 뉴런의 축삭돌기 말단을 받아들이는데, 이를
수상돌기라고 한다.

축삭돌기 말단과 수상돌기 사이의 거리는 아주
가깝다(100~150Å, 1옹스트롬[Å]은 1센티미터의 100만 분의 100이다).
둘 사이 연접한 부분을 '시냅스'라 하고 축삭돌기 말단과
수상돌기 사이의 공간을 '시냅스틈새'라고 부른다.

뉴런은 축삭돌기 말단에서 방출되는 저분자 물질인
신경전달물질에 의해 시냅스에서 서로 정보를 나눈다.
신경전달물질은 시냅스틈새를 건너서 '수용체'라고 하는
수상돌기의 특정한 단백질과 상호작용한다. 이들 분자는
축삭돌기의 시냅스 말단에서 시냅스소포(小胞)에 저장된다.
시냅스소포가 축삭돌기 말단에 도달하면 극파(spike)가 그
안으로 칼슘을 유입시키고, 이것이 소포들을 시냅스틈새의
막으로 집결시킨다. 소포들은 여기서 그 내용물을
방출한다.(그림3)

일단 소포들이 옆 세포 수상돌기의 막에 도달하면,
신경전달물질이 수용체와 상호작용해 이온 변화 또는 화학
변화를 일으킨다. 이온 변화는 이른바 시냅스후전위를

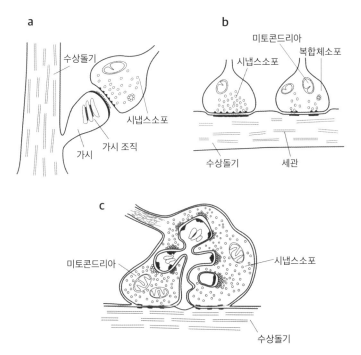

그림3 **시냅스전뉴런의 축삭돌기 말단과 시냅스후뉴런의 수상돌기 사이에 있는 다양한 형태의 시냅스.** 축삭돌기 말단들을 확대한 것으로, 안에 미토콘드리아와 시냅스소포가 들어 있다(시냅스소포는 신경전달물질을 나르는데 그 종류는 시냅스에 따라 다양하다). 경우에 따라 시냅스소포는 공 모양의 복합체로 보이기도 한다. 말단의 막 일부에 두꺼워진 부분(a, c)이 보인다. 시냅스틈새의 건너편에 또 다른 두꺼워진 부분(b, c)이 있는데 시냅스후수용체가 있는 시냅스후막이 거무스름해 보인다. 분명 일부 시냅스는 (c) 또는 아마도 (b)에서처럼 '뭔가'(그게 무엇이든)를 전달하기 위해 형성된다. (b)와 (c)를 보면 축삭돌기 말단의 두 발(foot)이 수상돌기의 한 가지와 연이어 접촉해 있다. (a)에서처럼 점 형태로 접촉하는 경우도 있다(하나의 축삭돌기 말단이 하나의 수상돌기 '가시'와 접촉하는 것인데 가시란 수상돌기에서 갈라져 나온 짧은 가지를 말한다).

포함한다. 이것은 몇 밀리초 동안 지속되는, 시냅스 부위에 있는 세포로 들어오는 나트륨 이온($Na+$)이나 염화 이온($Cl-$), 또는 세포를 떠나는 칼륨 이온($K+$)이 전달하는 5밀리볼트보다 작은 소량의 전류에 의해 발생한다. 이들 전위는 그것이 마치 전선(電線)인 듯이 수상돌기와 세포체의 막 곳곳에 전해져, 활동 전위 또는 극파를 발생시킬 수 있는 이 세포의 축삭돌기 시작 분절에 도달한다. 극파는 높고(약 100밀리볼트) 짧은(1~2밀리초) 전위 변화로, 축삭돌기의 끝까지 감소 없이 전도될 수 있다.(그림4) 이런 형태의 전도를 실무율(all or none law, 생물이 어떤 자극에 반응을 일으키는 데 필요한 최소한의 자극의 세기, 즉 역치 이하일 때에는 반응이 전혀 나타나지 않다가 역치에 이르면 최대한으로 나타나고, 그 이상의 자극을 가해도 반응의 크기에는 변화가 없다는 법칙)을 따른다고 하는데, 이로써 다른 뉴런(또는 근섬유나 선세포)에 있는 축삭돌기의 시작 분절에서 끝부분까지 100밀리볼트의 극파 진폭이 그대로 유지된다.

양이온(나트륨 이온)의 순유입으로 이루어지는 시냅스후전위는 시작 분절의 극성을 극파가 발생하는 역치까지 지니는데, 그에 의해 세포가 흥분해 다른 세포들과 소통하게

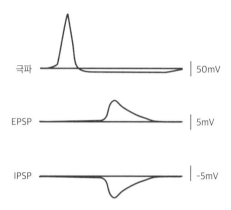

극파 | 50mV

EPSP | 5mV

IPSP | -5mV

그림4 전형적인 극파 또는 활동전위(Spike, 위), 흥분성시냅스후전위(EPSP, 가운데), 억제성시냅스후전위(IPSP, 아래). 전위는 언제나 수평선과 비교해서 그려진다. 수평선은 뉴런의 휴지전위(세포가 활동을 하지 않고 있는 상태에서 세포막 안과 밖의 이온 농도 차에 의해 발생하는 전위차)를 나타내는데 세포외액 기준으로 대개 60~90밀리볼트의 음전위이다(이는 분석하는 조직에 따라 달라진다). 극파와 EPSP는 이 전위를 감소시킴으로써 뉴런을 감극시키는 반면에 IPSP는 이 전위를 증가시킴으로써 뉴런을 과분극화(생체막 내외의 정상 전위차보다 전위차가 더 커지는 것)한다. 극파는 시냅스후전위보다 적어도 10배는 더 높고 약간 더 짧다(극파는 1~2밀리초이고 시냅스후전위는 3~6밀리초이다). 일부 IPSP는 실제로는 훨씬 더 오래 지속할 수도 있다(500밀리초). 또 극파에 뒤이은 길고 과분극한 '후전위'는, 나트륨 이온과 칼륨 이온과 염화 이온이 극파로 인한 큰 변화에 뒤이어 안정된 전위로 복원함으로써 발생한다.

하므로 흥분성시냅스후전위(excitatory postsynaptic potentials, EPSPs)라고 한다. 극파를 촉발하는 극치는 뉴런의 휴지전위와 비교해 양전위다.

시냅스후전위가 칼륨 이온의 순유출이나 염소 이온의 순유입을 수반하는 시냅스에서는, 축삭돌기의 시작 분절을 역치로부터 먼 음전위에서 안정시키며 세포를 억제하는데 이를 억제성시냅스후전위(inhibitory postsynaptic potentials, IPSPs)라고 한다.(그림4)

뉴런은 시냅스전말단으로 극파를 보내야만(흥분) 다른 뉴런이나 근육세포, 또는 선세포와 소통할 수 있고 극파 보내기를 중단하면 상호소통이 억제된다. EPSPs(나트륨 이온 유입)는 축삭돌기의 시작 분절이 극파의 극치에 이르거나 그로부터 멀어질 가능성을 증가시키고 IPSPs(염소 이온 유입 또는 칼륨 이온 유출)는 그 가능성을 감소시킨다. 축삭돌기의 시작 분절은 세포체나 수상돌기와는 다른 전성(電性)을 갖는다. 시작 분절은 축삭돌기의 나머지 부분과 마찬가지로 신경전달물질 수용체를 가지고 있지 않지만, 즉 시냅스후전위를 발생시키지 못하지만 대신에 양이온의 국소적 유입에 반응한다.

해마의 각 피라미드 세포는 1,000개에서 1만 개에
달하는 축삭돌기로부터 입력을 받아들인다. 일부 축삭돌기는
수상돌기 대신 세포체와 시냅스를 형성하는데, 특히
억제성시냅스를 형성하는 경우에 그렇다.

말했다시피 신경전달물질과 수상돌기 사이의
상호작용은 수상돌기에 화학적 또는 전기적 변화를 일으킨다.
화학적 변화는 신경전달물질 수용체 복합체와 G단백질(고리형
구아노신 인산염 뉴클레오티드[cyclic guanosine phosphate nucleotide,
cGMP]에 연결되기 때문에 이렇게 불린다—옮긴이)이라는 다른
단백질과의 상호작용을 포함한다. 세포에서 일련의 대사 변화가
시작되어 결국 세포의 흥분 또는 억제로 이어진다. G단백질을
가진 수용체는 대사성 수용체라고 한다.

기억 형성의 핵심 요소

시냅스전위에서 시냅스전달까지 일련의 사건이 반복되면,
그것이 뉴런 내에 암호화된다. 이 과정에는 유전자 번역이

필요한 리보솜(RNA와 단백질로 이루어진 복합체로서 세포질 속에서 단백질을 합성하는 역할을 한다)에 의한 단백질 합성과 리보솜 외 조직에 의한 단백질 합성이 포함된다.[9]

단백질 합성은 장기 기억의 기저를 이룬다고 여겨지며, 작업 기억 과정과 단기 기억 과정에서는 찾아볼 수 없다는 점이 두드러진다.

학습 후 리보솜이나 리보솜 외 조직에서 합성된 단백질은 기억 형성 과정 또는 응고화의 주요한 요소이다. 단백질은 시냅스 또는 시냅스를 형성하거나 유지하는 효소의 성분으로, 벽돌이 건축 부지로 운반되는 것처럼 새로이 활성화된 시냅스로 운반된다.

시냅스전달에서 단백질 합성까지 일련의 사건에는 몇몇 단계에서 단백질키나아제(단백질인산화효소)라고 하는 효소에 의한 신호전달이 포함된다. 단백질키나아제는 그 자체의 인산화와 여러 단백질의 인산화를 촉진한다. 이들 여러 단백질에는 수용체부터 신경전달물질, 유전자의 활성화를 조절하는 핵전사인자, 그리고 수상돌기에 위치하는 리보솜 외 단백질 합성 기관의 성분까지 포함된다.[9,16] 인산화는 단백질에

인산염 분자를 결합하는 것을 의미하는데 이는 대개 단백질의
기능을 향상시킨다.

작업 기억은 전전두엽피질에서의 전기 활성화에만
의존한다고 여겨진다.[19,20] 단기 기억은 해마와 인접한
내후각피질에서의 단백질 인산화에 주로 또는 오로지
의존한다고 생각된다.[9,10] 특정한 뇌핵에 단백질 합성 억제제를
가하면 작업 기억이나 단기 기억에는 영향을 미치지 않지만
장기 기억은 차단한다. 이는 장기 기억의 형성이 새로운
단백질을 만들어내는 뉴런의 기제에 의존하고, 더 짧은 형태의
다른 기억은 그렇지 않음을 나타낸다.

시냅스전위의 두 가지 중요한 특징은 장기 강화(long-
term potentiation, LTP)와 장기 저하(long-term depression,
LTD)이다. 이 두 과정은 시냅스를 형성하는 축삭돌기의
갑작스럽고 짧으며(1~10s) 신속한(4~100/s) 자극에 뒤이어
일어난다. 글루타메이트성 전달(글루타메이트에 의한 신경 전달)과
더불어 뇌의 많은 곳에서 관찰되는데 특히 해마에서 처음으로
관찰된다. 이 두 과정이 기억의 응고화와 소거의 기저에 있다고
여겨진다. 이 둘은 함께 신경가소성의 방식으로 알려져 있다.

LTP와 LTD는 보통 몇 시간 동안 지속되지만 가끔은 며칠, 심지어 여러 주 동안 지속되기도 한다. 어떤 문헌에는 LTP가 1년간 지속된 사례가 보고된 적도 있다.

LTP와 LTD를 발견한 직후에는 이 둘이 *기억 자체*를 나타낼 수 있고, 이 기억이 LTP 또는 LTD가 나타나는 해마 세포에 저장된다고 여겼다. 지금은 이들을 기억 응고화의 기저를 이루는 과정의 상관물 또는 신호(signature)로 보는 것이 좀 더 일반적이다. LTP나 LTD가 좀 더 길게 지속되는 곳(해마형성체, 그림1)은 습득 후 몇 시간이 넘는 기억의 유지나 인출에 관여하지 않는다.[24,25]

단백질을 만드는 두 가지 체계

다른 세포와 마찬가지로 뉴런은 두 가지 다른 일련의 과정을 통해 새로운 단백질을 만들어낸다.

하나는 세포핵에 있는 유전자의 활성화에 의존해 전령RNA(messenger RNA, mRNA, 핵 안에 있는 DNA의 유전정보를 세포질 안의 리보솜에 전달하는 RNA)가 만들어져 리보솜이라고 하는 세포질 속 세포소기관으로 이동하고, 여기서 그 위치에 있는 리보솜RNA와 결합해 단백질을 만들어내는 일련의 효소를 자극하는 과정이다. 유전자 속 DNA는 특정한 전령RNA로 전사(轉寫)된 다음 리보솜에서 특정한 단백질로 번역된다.

또 하나의 단백질 합성 체계는 뉴런의 수상돌기에서 발견된 종양세포에서 처음 드러났다. 이것은 기존의 mRNA, 그리고 핵심 요소가 mTOR('포유류 라파마이신 표적'[mammalian target of rapamycin]의 머리글자를 딴 것으로, 라파마이신은 mTOR과 결합해서 mTOR을 억제하는 항생제의 이름이다— 옮긴이)인 체계에 의존한다.[26] 이 체계는 mTOR 분자 주변에, 단백질키나아제와 새로운 단백질의 생성을 위한 연장인자(단백질 합성에서 폴리펩티드 사슬의 연장 과정에 관여하는 단백질 인자—옮긴이)를 포함한 일련의 효소를 둥글게 뭉친다. 이 과정은 새로운 DNA 전사 없이 기존 전령RNA의 번역으로 촉진된다. mTOR 체계는 수상돌기에 있기 때문에 국소적으로 일어나는 시냅스 활성화에 반응하여 단백질을 만들기에 적격이다.

새로운 단백질을 만들어내는 두 가지 체계인 리보솜 체계와 mTOR 체계는 모두 다양한 형태의 학습, 그중 특히 공포 조건화, 공포 소거, 물체 인식과 관련된 단백질 생성에 관여한다.[26-31]

합리적 판단은 생존 기술이다

인간이 작업 기억을 처리하는 능력은 아주 크기는 해도 무한하지는 않기에 휴대전화와 태블릿피시가 가득한 현대사회에서 우리는 과도한 정보 때문에 숨이 막히거나 익사할 듯한 느낌을 자주 받는다. 우리가 줄곧 받아들이는 엄청난 양의 유사하고도 연이은 정보는 거의 끊임없이 작업 기억을 사용하도록 요구한다.

1920년대에 카할 자신이 이런 느낌을 받았고, 이를 《여든 살의 세계》(El mundo visto a los 80 años)라는 책에 아주 잘 표현해놓았다. 그는 당시에 감지되던 정보의 홍수에 대해 불평을 늘어놓았다. 듣고 싶지 않아도 들을 수밖에 없는 이웃의

광석라디오(진공관 대신 광석 검파기를 사용하는 간단한 라디오
수신기—옮긴이) 소리, 거리를 행진하는 악단, 곳곳에서 큰
소리로 말하는 사람들, 시내 곳곳의 극장에서 상영되는 너무나
많은 영화 등.

　　카할은 이 모두가 도시 거주자의 사생활을 침해한다고
생각했다. 그는 우리를 둘러싼 세계가 만들어내는 동시발생적인
많은 정보가 휴식은커녕 정신을 집중하기 어렵게 만드는
미래를 예견했다. 하지만 90년 전 카할은 오늘날 사방에서
우리에게 악영향을 미치는 놀라울 정도로 다양한 소음, 소리,
뉴스, 가짜 뉴스, 울음소리, 고함소리, 시각적이고 청각적인
공해 장치, 그리고 다른 온갖 자극을 예측하지는 못했다. 물론
당시에는 컴퓨터, 휴대전화, 태블릿피시, 텔레비전, 또는 고출력
음향 증폭기가 없었다.

　　1920년대에 카할은 아마도 일정한 나이에 이른
대부분 사람과 마찬가지로, 세상이 오늘날처럼 아주 많은
소음에 침해되지 않았던 *더 행복하고 조용한 좋았던 옛날*에
향수를 느꼈다. *조용하고 좋았던 옛날*을 향한 이런 동경은
카할뿐 아니라 90년 후 우리 중 누구도 살아본 적 없는

시대로 회귀하고픈 바람, 다시 말해 역사 속 수세대 이전으로 되돌아가고픈 갈망이다.

몇 세기 전까지, 인구 중 극소수였던 지주들이야 영지나 성에 틀어박혀 자신을 둘러싼 침묵을 평온히 호흡할 수 있었는지 모른다. 우리가 갈망하는 침묵은 돌로 만들어진 튼튼한 벽으로 밀폐된 환경에 한정되었다. 성 밖의 대다수 노예, 걸인, 또는 악한에게 삶은 그리 한가하거나 조용하지 않았다. 노예 감시인의 가차 없는 채찍은 오랜 세월 그 채찍을 감당해온 이가 마땅히 얻어야 하는 조그만 마음의 평화조차 없애버렸다.

먼 과거를 동경할 때 우리는 우리 자신을 많은 곳에서 노예였고 모든 경우에 압도적 다수였던 하류층 사람이 아닌 상류층 사람으로 그린다. 그러나 십중팔구 우리 대부분은 가난한 이의 후손이다. 가난한 이의 수가 지주의 수보다 훨씬 더 많았고 더 많은 아이를 낳았기 때문이다.

어느 나라든 한 명이 부자라면, 적어도 아홉 명은 가난한 사람이었다. 가난한 사람들에게는 공포와 굶주림이 지나친 소음보다 정신 집중을 방해하는 더 중요한 요인이었다. 헐거인 시대로 역사를 거슬러 올라가면 야수, 자연재해, 우리

동굴에서 식량이나 여자를 빼앗아가려는 비우호적인 이웃
등 명백히 위험한 자극의 형태로 과도한 정보를 접하게 될
가능성이 크다.

우리는 생존하기 위해 우리의 '중앙정보관리자'가
합리적으로 기능하게 해야 한다. 중앙정보관리자란 바로
전전두엽피질이다.[20] 전전두엽피질은 내후각피질을 통해 뇌의
나머지 영역과 연결되어 있기 때문에, 우리가 지금 겪는 특정
경험이 '위험한 기억'으로 보관해둔 것에 속하는지 아니면 좀 더
'가벼운 성격의 기억'에 속하는지 곧바로 감지할 수 있다.

지나치게 많은 정보는 이 체계에 과부하를 일으킨다. 이
과정이 합리적으로 작동하도록 시간을 버는 한 가지 유용한
방법은 작업 기억을 과도하게 써야 하는 상황에 직면하면 *안
돼!*라고 말하는 것이다. 다른 사람이나 상황에 주의를
기울이느라 특정한 사람이나 상황의 요구에 주의를 기울일 수
없다면, 우선 자극의 우선순위를 재빨리 판단해야 한다. 물론
이상적으로는 '안 돼!'라고 말하고 멈춰 서서 우선순위를 정해야
하지만 그렇게 말할 시간조차 없는 긴급한 때가 많다.

방에서 중요한 회의를 하고 있는데 도둑 무리나 화재가

어떤 종류의 정보에
우선순위를 부여해야 하는지
아는 것은 어려운 기술이다.

————

끼어들면, 우선순위 목록이 즉시 뒤집힌다. 이때 가장 먼저 해야 할 일은 방에서 나가는 것이다. 비행기 승무원은 옆에 앉은 사람이 산소마스크를 조절하는 걸 돕기 전에 우선 자기 자신의 산소마스크를 조절하라고 권고한다. 우리가 의식을 잃는다면 다른 사람을 도울 입장이 아닐 것이다.

나이 든 사람은 일반적으로 젊은 사람보다 더 나은, 그리고 더 종합적인 인생의 우선순위 목록을 만든다. 왜냐하면 시간이 더 많고 경험도 훨씬 더 많기 때문이다. 유감스럽게도 아주 늙은 사람은 감각의 결손이나 느려진 반사 행동으로 그 우선순위 목록에 따라 움직이기에 좋은 몸 상태가 아닐 수 있다. 어떤 종류의 정보에 우선순위를 부여해야 하는지 아는 것은 어려운 기술이다. 더 긴급하고 중요한 일에 맞닥뜨렸을 때, 우리는 이전의 모든 우선순위 목록과 함께 우리의 요구를 대부분 일시적으로 세쳐둘 태세를 즉시 갖춰야 한다. 앞서 말한 산소마스크나 도둑 무리의 예는 이를 아주 분명하게 보여준다.

신경전달물질과 신경조절물질의 차이

앞서 시냅스의 일반적인 기능을 살펴봤다. 신경계의 많은
부분에서, 축삭돌기는 뉴런의 수상돌기나 세포체와 함께
시냅스를 형성한다. 신경계가 몸의 다른 부분에 투사(投射)된
경우에는 축삭돌기가 근육세포 또는 선세포와 함께 시냅스를
형성해 (근육세포의 경우에는) 수축 또는 이완하거나 (선세포의
경우에는) 호르몬을 분비하게 한다.

　　말했다시피, 화학적으로 조절되는 시냅스후전위는
수상돌기에서 발생하는데 다양한 신경전달물질과
수용체라는 시냅스후단백질의 상호작용에서 비롯된다.
가장 흔한 흥분성 신경전달물질은 글루탐산이고, 가장
흔한 억제성 신경전달물질은 감마아미노부틸산(약자
GABA)이다. 다른 주요한 뇌 신경전달물질은 아세틸콜린,
노르에피네프린(아드레날린), 도파민, 세로토닌, 히스타민이다.

　　아세틸콜린은 말초 부교감 신경계와 신경근 접합부에서
신경전달을 조절한다. 말초 부교감 신경계에서는 억제를
일으키고(느린맥, 혈압 저하, 창자 수축의 억제), 골격근에서는

흥분을 일으킨다(근육 수축).

노르에피네프린은 교감신경전달을 조절하고, 도파민은 많은 영역에서의 전달을 조절한다(즉 성적 자극, 기분 좋은 행동, 욕구의 포만, 또는 심지어 실제 또는 상상의 행복감을 불러올 수 있는 약물의 효과).

세로토닌은 기분을 조절하는데, 저용량의 세로토닌 작용은 우울증 질환 증상과 관련이 있다. 이 모든 신경전달물질뿐 아니라, 말초에서 알레르기성 혈관 반응, 두드러기 발진, 가려움을 일으키는 히스타민은 해마, 편도체, 전전두엽피질에서 서로 다른 다양한 수용체에 의해 조절되는 반응을 통해 기억 처리를 조정한다.

GABA에 의한 신경전달은 'GABA성 신경전달'이라고 한다. 글루타메이트에 의한 신경전달은 '글루타메이트성 신경전달'이라고 한다. 신경전달물질이 아세틸콜린, 노르에피네프린, 도파민, 세로토닌, 히스타민인 시냅스는 각각 콜린성, 노르아드레날린성, 도파민성, 세로토닌성, 히스타민성이라고 한다.

모든 경우에 각 전달물질을 위한 몇 가지 다른 수용체가

있다. 예를 들어 GABA를 위해서는 GABA$_A$와 GABA$_B$라는
두 가지 다른 수용체가 있다. 노르아드레날린 수용체에는 α, β,
γ가 있다. 그중 일부는 시냅스전축삭돌기 말단에 있으면서 그
말단에 의한 노르에피네프린의 방출을 조절하는데, α_2, β_2라고
한다. 히스타민 수용체로는 H1, H2, H3, H4가 있고, 도파민
수용체로는 D1, D2, D3, D4, D5가 있다. 각 전달물질과 각
수용체의 상호작용은 서로 다른 효과를 낳는다. α수용체에
노르에피네프린이 작용하면 혈압 상승과 빠른맥을 일으키고,
β수용체에 노르에피네프린이 작용하면 혈압 저하와 느린맥을
일으킨다.

　　'신경전달물질'이라는 말은 대개 인접한 수용체에
작용하는 물질에 사용된다. 수용체 가까이에 있지 않고 멀리서
더 큰 영역에 작용하는 물질이 있다. 축삭돌기 말단에서
방출되며 뉴런, 선세포 또는 혈관 평활근의 수용체와 결합하는
이 물질을 '신경조절물질'이라고 한다. 신경조절물질은
시냅스에서 시간을 지켜 정보를 전달하는 신경전달물질과 달리
비교적 폭넓은 세포에 영향력을 행사한다. 신경전달물질이
누군가의 귀에 바싹 대고 말하는 것이라면, 신경조절물질은

같은 말을 교실 안 서른 명의 사람에게 하는 것이다.

노르에피네프린과 도파민을 함유한 축삭돌기 말단은 수용체를 가진 신경 무리 속에서 자주 발견된다. 이 경우 노르에피네프린과 도파민은 신경전달물질이 아니라 신경조절물질로 작용한다. BDNF(새로이 자극받은 시냅스의 성장을 자극하는 뇌 유래 신경영양인자의 약어) 같이 중요한 신경영양성 기능을 가진 오피오이드 수용체와 다른 수용체에 작용하는 펩티드, 카나비노이드(대마초의 화학성분의 총칭—옮긴이) 성질을 가진 물질, 수용체에서 아편제에 작용하는 펩티드, 그리고 일부 호르몬을 방출하는 인자가 주요 신경조절물질이다. 이 물질 중 몇몇은 학습과 기억 과정에 한몫을 한다.[9,16]

단기 기억과 장기 기억의 망각

앞서 말한 것처럼, 작업 기억은 흔적을 남기지 않고 몇 초에 걸쳐 아주 빠르게 잊히기 때문에 가장 짧은 형태의 기억이다. 역시 말했다시피, 몇 초에서 몇 시간 사이에 지속되며

단기 기억은 집을 짓는 동안
잠깐 호텔에서 머무는 것과
비슷하다.

————

마찬가지로 흔적을 남기지 않는 몇 가지 종류의 단기 기억이
있다.[18,23,24-30] 포유류의 경우 해마와 내후각피질에 있는
전문화된 뉴런이 단기 기억을 만드는데[28,29] 장기 기억에서
동일한 정보를 형성하고 저장하는 것과는 독립적이다.[28,29,31]

　　　단기 기억은 집을 짓는 동안 잠깐 호텔에서 머무는 것과
비슷하다. 뇌가 장기 기억 저장고를 짓는 동안 최근 습득한
이용 가능한 정보를 잠깐 유지하는 것이다. 단기 기억이 장기
기억을 바꾸어 놓는 일은 없다. 해마나 내후각피질에 가해지는
여러 가지 *처리*가 둘 사이를 차단하기 때문이다. 이것은 단기
기억과 장기 기억이 해마와 내후각피질에 있는 서로 다른
독립된 뉴런 기제로 작동한다는 사실을 보여준다.[28,29] 뇌의
단기 기억과 장기 기억 기제가 이렇게 양분되는 것은 포유류의
다양한 종에서 다양한 기제로 확인할 수 있다.[28-30] 이는 그것이
중요한 진화 원리임을 말해준다.

　　　한때 장기 기억의 '세포 수준의 응고화'가 몇 분 정도
걸린다고 여겼으나[22] 실은 몇 시간이 걸린다. 이때 단백질
합성을 조절하는 장기간에 걸친 사건들이 해마와 다른
곳(편도체, 내후각피질, 후두정엽피질)[31]에서 일어난다. 이후 여러

대뇌피질은 언제든 생존, 생각, 사랑,
그리고 현실을 이해하는 일 같은 가장
긴급한 문제를 해결하는 데 쓰이기
위해 방해받지 않아야 한다.

————————

날, 심지어 여러 달에 걸쳐 피질의 다른 곳에서 '시스템 응고화'
기제가 기억 내용을 넘겨받아 거기에 더하거나 뺄 수가 있다.[10, 24]

짧은 기간, 즉 몇 분, 몇 시간 후에 기억을 잃는 것은
우리가 학습하여 감수하는 것이며, 알츠하이머병에 걸릴까봐
끊임없는 두려움 속에 살아가는 일부 사람만이 망각으로
인식한다. 이런 두려움은 일정한 나이에 이르면 상당히 커진다.

"의사 선생님, 열쇠를 어디다 뒀는지 잊어버렸어요. 혹시
알츠하이머병 초기 증상인가요?"

뇌 퇴행성 질환의 증상은 열쇠 놓아둔 곳을 가끔
잊어버리는 것보다 훨씬 더 심각하다. 이런 *가벼운 망각*은
대개 주의 산만의 결과다. 우리가 열쇠를 여기 저기 놓아두는
동안 우리 머릿속은 다른 생각으로 분주하다. 알츠하이머병을
앓거나 정신 상태가 정상이 아닌 환자는 자기한테 정말로
중요한 사람(아들딸, 아내)의 얼굴을 잊어버리거나 자신이 가졌던
주요 기술과 직업을 까먹는다. 단기적인 망각이 불안감을
주거나 반복되거나 정상 생활을 못 하게 만들면, 그 사람은
망설이며 신경과 전문의와 상담할 것이다.

치매 증상은 현대인의 삶에서 정보의 원천이

풍부해지며 생겨난 결과가 아니며, 그와 상관없이 치매가 발생한다. 치매는 노령의 질병인데 요즘에는 60세나 65세 아래 사람들에게서는 찾아보기 드물다. 하지만 알로이스 알츠하이머(Alois Alzheimer)는 1906년 51세 여성에게서 자신의 이름이 붙은 이 질병을 처음 발견했는데, 당시 사람들은 지금보다 훨씬 더 일찍 노화했다.

어떤 사람은 오늘날 매일 쇄도하는 대단히 많은 정보가 인간의 기억력에 해를 끼친다고 생각한다. 그러나 대부분 의료인들은 삶에서 정보의 원천이 풍부해진 게 병의 원인이라기보다는 병에 이로움을 알고 있다. 좋은 컴퓨터, 도서관, 휴대전화를 가까이 두는 게, 이들 주변 장치에 든 온갖 정보를 머릿속에 넣고 다니려는 것보다 분명 더 현실적이고 덜 피곤하다. 주소, 세계 소식, 축구 경기 결과, 직업 정보, 약 복용량, 다음 주 월요일 약속, 사야 할 도서 목록은 주의가 산만한 대뇌피질보다는 전자수첩 또는 손으로 쓰는 수첩에 더 잘, 더 안전하게 저장할 수 있다. 대뇌피질은 언제든 생존, 생각, 사랑, 그리고 현실을 이해하는 일 같은 가장 긴급한 문제를 해결하는 데 쓰이기 위해 방해받지 않아야 한다.

4장

모든 기억은
감정을 동반한다

기억과 감정

모든 기억은 어떤 감정 상태에서 습득되고 응고화한다. 모든 인간, 어쩌면 모든 포유류가 항상, 말로 표현하기 어려운 특정한 감정 상태에 있다. 비감정적인 순간은 우리에게 알려져 있지 않다. 우리는 흥분, 우울이나 불안, 열광이나 나른함, 행복이나 슬픔이 더하거나 덜할 수는 있어도 언제나 어떤 감정 상태에 있다. 인간과 다른 동물, 주로 포유류에게 *감정적이지 않은* 순간은 없다.

응고화할 때 감정적으로 가장 자극적인 기억이 대개 가장 잘 기억된다. 하지만 감정이 너무 격렬하면 '불안'이나 '스트레스'라고 불리는 것이 조성되어, 응고화가 돌이킬 수 없이 손상되기도 한다. 스트레스를 받는 동안 부신이 방출하는 코르티코이드가 혈류를 따라 해마에 도달해 응고화 과정에 관여하는 노르아드레날린성 시냅스와 다른 시냅스를 차단한다.[24,32]

불길했던 2001년 9월 11일, TV에서 비행기 두 대가 두 번째 타워와 충돌하는 장면을 보았을 때 우리는 모두 우리가 어디에 있었는지, 무엇을 하는 중이었는지, 누구와 함께 있었는지를 기억한다. 충분히 기억할 만한 나이의 사람은 라디오에서 케네디 대통령이 저격당했다는 소식을 들은 순간 자신이 무엇을 하고 있었는지, 누구와 함께 있었는지 잊을 수가 없을 것이다.

지난번에 극장에 갔을 때 영화표를 팔던 사람이 누구였는지 기억하는 사람은 아무도 없다. 그때 본 영화가 특별히 좋거나 좋지 않았더라도 말이다. 지난주에 주유소에 들러 '휘발유 가득 채워주세요'라고 요청한 사람의 얼굴이나 지난 3월 15일 거스름돈을 내준 슈퍼마켓 직원의 생김새를 기억하는 사람은 아무도 없다. 9.11 사태나 케네디 암살이 준 충격은 극장이나 주유소, 슈퍼마켓에서의 일보다 훨씬 더 커서 우리에게 커다란 정서적 각성을 불러일으켰다.

짐 맥고와 래리 케이힐(Larry Cahill)은 몇 년 전 기저외측 편도핵이 처리하는 정서적 각성의 정도가 기억의 정확성과 지속성을 결정한다는 사실을 입증했다. 작은 각성을 동반한 사건은 더 큰 각성을 동반하거나 그 각성으로 '강조된' 사건보다 덜 인상적이다.[17,25,33]

스트레스라고 할 수 있는 수준보다 낮은 정서적 각성이 기억의 응고화를 강화하는 주된 이유는 뇌 섬유계의 자극에 있다.

뇌 섬유계는 응고화를 담당하는 해마와 편도체 뉴런으로 신경전달물질, 노르에피네프린, 도파민을 방출한다.[25,32-34] 도파민과 노르아드레날린을 만드는 뉴런의 세포체는 각각 중뇌와 제4뇌실에 있는데, 이들 뉴런이 해마, 편도체, 내후각피질, 그리고 전전두엽피질을 상당히 많이 자극한다.[9] 중저용량의 글루코코르티코이드(부신피질에서 분비되는 스테로이드 호르몬―옮긴이)는 노르에피네프린과 함께 작용해 응고화를 강화한다.[25,34] 도파민과 노르에피네프린은 시냅스후효소를 자극한다. 이 효소는 에너지로 가득한 복합체

ATP(adenosine triphosphate, 아데노신3인산)에서 파생하는
고리 모양 유도체의 합성을 조절한다. 이 고리 모양 유도체
cAMP(cyclic adenosine monophosphate, 고리형 아데노신1인산)는
단백질키나이제A라는 효소를 활성화하며, 이것이
글루타메이트성 전달과 mRNA로의 DNA 전사에 관여하는
기질(基質, substrate, 효소의 작용을 받아 화학반응을 일으키는 물질—
옮긴이)을 인산화한다.[9] 그래서 도파민과 노르에피네프린은
해마와 편도체에서 일어나는 DNA 자극과 단백질 합성을
촉진하고[32] 그렇게 해서 막 습득한 기억을 응고화하는 해마와
편도체의 기능을 향상시킨다. 장기 기억이 형성되려면 해마와
편도체의 단백질 합성이 필요하다고 알려진 지는 40년이
넘었다.[16,17,25,32]

    스트레스의 특징인 과도한 각성은 응고화를 차단한다.
수십 년 동안, 스트레스를 받으면 부신에서 코르티코이드가
대량 방출된다고 알려졌다. 고용량의 코르티코스테로이드(인간의
경우 코르티솔)는 응고화에 관여하는 뇌의 노르아드레날린성
체계를 억제한다.[34,35] 코르티코스테로이드는 중저용량으로
응고화를 향상시키는 대표적인 약물로[9,25] 이런 약물로는

노르에피네프린과 도파민 등이 있다. 이들 약물은
중저용량에서는 응고화를 강화시키고 고용량에서는 억제한다.

　　　비생물학의 관점에서 이것은 뇌가 너무 스트레스를
받을 수 있는 기억의 기록을 삭제하는 안전밸브로 해석됐다.
기억을 인출할 때 발생하는 '공백'(구술시험을 치르는 학생, 대중
앞에 나서기를 지나치게 불안해하는 가수나 강연자에게 일어나는
대책 없는 기억 인출의 차단)은 사람들 앞에 나선다는 스트레스
때문에 코르티코이드가 과다 분비된 것으로 설명할 수
있다. 과다 분비된 코르티코이드는 기억 인출에 관여하는
노르아드레날린성 해마 또는 다른 뇌 기제에 작용해 그것을
억제한다.[35]

　　　하지만 구술시험을 치르는 학생 또는 오디션을 보거나
콘서트를 하는 가수의 기억 인출 실패에 방어적인 역할을
부여하기는 어렵다.

　　　흥미롭게도, 해마와 전전두엽피질이나 두정엽피질에서
발생하는 중저용량의 노르아드레날린성 그리고 도파민성 자극
또는 중저용량의 코르티코스테로이드의 방출 역시 기억의
인출을 자극한다.[9,36] 따라서 신경호르몬의 조절은 응고화의

인간의 삶, 그리고 대부분 포유류의
삶에서 약하게나마 감정이 동반되지
않는 순간은 없다.

————————

조절과 아주 비슷하다.

　　글루코코르티코이드뿐 아니라 흥분이나 스트레스와도
관련이 있는 다른 많은 호르몬(말초의 에피네프린, 부신피질
자극 호르몬, 바소프레신, 옥시토신, 베타엔도르핀 등)이 뇌의
노르에피네프린 또는 도파민의 방출이나 작용에 영향을 미쳐
응고화에도 영향을 줄 수 있다.[9, 25, 31, 32]

　　망각의 기술을 이해하려면 정서적 각성과 스트레스의
생물학적 상관물이 기억의 형성과 인출을 조절한다는 점을
알아야 한다. 우리가 기억의 생화학 기제에서 발생하는 호르몬,
신경전달물질, 신경조절물질의 생화학적 효과를 마음대로
조절할 수는 없지만, 우리의 감정 표출을 통제하도록 훈련할
수는 있다.

　　가수와 학생은 사람들 앞에 나설 때 느끼는 두려움과
그에 따른 스트레스를 통제하도록 학습할 수 있다. 유명한
예술가와 가수 중에는 오랜 시간에 걸쳐 그런 능력을 습득한
사람이 많다. 기억을 응고화하고 인출할 때의 기술은 바로
여기에 있다. 이 기술로 망각을 줄이거나 또는 적어도 조절할
수 있는 것이다. 우리는 불안의 표출을 삼가도록 학습할 수

있고, 그래서 마침내 불안 자체 또는 불안이 불러오는 과도한 코르티코스테로이드의 방출을 줄일 수 있다. '불굴의 정신'은 결국 생리적 기능을 의미하는 것일지 모른다.

기억을 부르는 호르몬

인간의 삶, 그리고 대부분 포유류의 삶에서 약하게나마 감정이 동반되지 않는 순간은 없다. 우리는 그 상황을 즐기든 즐기지 않든, 만족스럽든 불만족스럽든, 줄곧 좀 더 또는 좀 덜 행복하거나, 슬프거나, 나른하거나, 흥분하거나, 불안하거나, 평온하다. 따라서 우리는 언제나 약하거나 강한 어떤 감정을 배경에 두고서 또는 그 감정의 맥락 속에서 기억을 습득하거나 응고화한다. 이는 우리가 평온하고 행복할 때 또는 불안하고 우울할 때 죽음에 관한 영화를 보는 것과는 다른 일이다. 앞서 우리는 정서적 각성이 해마와 편도체의 노르아드레날린성 자극을 발생시켜 더 선명하고 강렬한 기억의 형성과 인출로 이어진다는 증거를 보았다.[17, 25, 31, 32]

앞서 살펴본 대로 감정이 기억의 형성과 인출에 지대한 영향을 미치는 원인은 말초 호르몬 방출 때문이다.[17, 25] 감정이 심박동수, 혈압, 기분에 영향을 미치는 것 역시 이 때문이다.

심장(heart)에서 기억을 만든다는 옛 믿음(이 믿음에서 '암기'[learning by heart]라는 말이 나왔다)은 빈맥, 즉 빠른 맥이 감정적인 기억을 동반한다는, 다시 말해 더 선명한 기억을 남긴다는 관찰과 느낌에서 유래한다.[25,33]

감정이 유발하는 뇌와 몸 상태가 비교적 길게 또는 강렬하게 지속되면, 그 상태 자체가 기억의 응고화와 인출 또는 둘 다를 동반하고 조절하는 *인지 칵테일*에 섞일 수 있다. 그래서 우리가 무서운 감정을 학습하고 응고화하는 것은 뇌의 노르에피네프린과 도파민이 방출된다는 사실, 말초 에피네프린도 함께 방출된다는 사실, 그리고 이 모두와 행동 각성의 결과로 기저외측 편도체가 자극된다는 사실을 학습하고 응고화하는 것일 수 있다.[17,25,31,33] 응고화에 따른 신경호르몬과 호르몬의 상태가 기억을 인출할 때도 반복되면, 기억은 대개 더 선명하고 정확하며 상세해진다.

가끔 기억을 응고화할 때와 동일한 상태에 놓여야만

기억 인출이 가능한 경우가 있다. 갈증, 공포, 스트레스가 대표적이다. 우리는 공포를 느끼지 않는 한 공포를 기억하지 않는다. 이처럼 기억의 인출이 그 기억을 응고화할 때의 일반적인 상태에 의존하는 것을 상태 의존이라고 한다.[37]

외부에서 가해지는 약물에 대해서는 앞서 이야기했다. 동물이 특정한 약물로 유도된 상태에서, 말하자면 알코올이나 오피오이드(마약성 진통제의 하나)의 영향 아래 훈련을 받으면 약물 상태가 반복되어야만 그 기억을 잘 인출한다.[37]

약물에 의한 상태 의존은 1세기 전 문학 작품에서 처음 알려졌다. 로버트 루이스 스티븐슨이 1886년에 발표한 고전 《지킬 박사와 하이드 씨》가 그것이다. 여기서 지킬 박사가 조제한 혼합물이 그를 괴물로 바꿔놓는다.

두 번째는 채플린의 1931년 영화 〈시티라이트〉다. 영화 속 백만장자는 술에 취했을 때만 채플린이 연기한 떠돌이를 친구로 알아본다. 백만장자가 술에 취해 있을 때 떠돌이를 처음 만났기 때문이다. 이런 상태는 감정 또는 감정을 동반하는 내인성 신경호르몬 변화에 따른 것일 수 있다. 도로시 필즈가 지미 맥휴와 함께 쓴 노래의 제목인 '난 사랑에 빠지고 싶은 기분이에요(I'm in the Mood for Love, 1935)'가 이를 보여준다.

성적인 기억의 영향을 받아 호르몬이 분비된 사람과 갈증을 느끼는 사람 역시 그렇다. 이들은 각자 다른 기억을 통해 성교와 물 마시는 것에 관한 기억을 떠올리는 경향이 있다. 이는 내인성 상태 의존을 보여주는 예다.[39, 40] 공포, 갈증, 성교같이 특정한 신경호르몬과 호르몬 상태에서 만들어진 기억은 내인성 상태 의존의 결과 그 개인이 각각 공포, 갈증, 성교와 관련 있는 신경호르몬과 호르몬 상태에 있을 때 더욱 잘 그리고 우선적으로 인출된다.

행복, 즐거움, 의기양양함의 기억도 이런 종류에 속한다. 이른바 '뇌의 쾌감 영역'(주로 측위 신경핵과 몇몇 다른 영역)에서 도파민성 분출이 일어나는 상태인 것이다.

그래서 인식, 공격성, 공포, 성교, 갈증의 기억을 포함해 생물학적으로 유의미한 많은 기억이 대부분 겉으로 드러나지 않은 채 남아 있다. 처음에 이들 기억을 유발한 신경호르몬 상태에 다시 놓이지 않는 한 우리는 그것을 그냥 무시한다. 적절한 신경호르몬 상태가 만들어져 인출될 때까지 [40, 41] 그 기억은 뇌 속 어딘가에, 다시 말해 피질 영역이나 저장 가능한

다른 어딘가에 잠복해 있다.[10,41]

중독의 특징인 약물 탐닉은, 처음에는 약물로 유도된 상태 의존에서 시작했을 가능성이 높다. 약물은 이후 중독에 이를 정도의 내인성 자극이 된다.

망각을 유도하는 두드러진 방식은 '폐기'다. 폐기란 자극이 완전히 중단되어 결국 시냅스가 물리적으로 소멸하는 것이다. 처음에 폐기는 격막신경과 횡경막근 사이 시냅스에서, 후에는 무척추동물에서 인간까지 다종다양한 시냅스에서 상세히 규명되었다. 금욕에 따른 장기적인 폐기(알코올 중독자나 마약 중독자의 경우)는 최선의 중독 치료법으로 널리 알려져 있다. 중독자들은 금욕과 폐기에 성공한 동료와 중독 문제에 대해 이야기를 나누고 그 예를 따르도록 격려 받는다. 물론 이것은 아주 어려운 일이고, 진정한 기술이다. 하지만 폐기는 분명 가능하고 중독자에게 유일한 탈출구이다.

내인성 상태 의존은 우리가 현악사중주곡을 연주하는 동안 발기하거나 물을 달라고 소리치는 것과 같이 맥락에서 벗어난 행동을 하는 일 없이 사회에서 적절히 살아가게 하고, 특히 공포, 성교, 갈증에 알맞게 반응하도록 한다. 내인성 상태 의존을 주장한 사람은 스티븐 조너처(Steven F. Zornetzer, 미국의 신경생리학자)[39]다. 이후 나와 우리 그룹이 동물 실험으로 증명했으며[40] 콜페어트(Colpaert)와 그의 동료들이 임상에 적용했다.[41]

시냅스의 폐기와 세포 자멸

앞서 말한 대로 계속해서 사용하지 않는 시냅스는 위축하고 결국은 소멸한다. 셰링턴의 제자로 뛰어난 오스트레일리아 신경과학자인 존 커루 에클스(John Carew Eccles, 1903~1997)는 1964년 출간되어 지금은 고전이 된 《시냅스의 생리학》(The Physiology of Synapses)에서 본인과 다른 사람들이 진행한 실험 이야기를 썼다. 에클스는 이 책에서 시냅스의 위축과 소멸을 훌륭하게 설명했다.[42]

이들은 실험에서 횡격막 신경 절단이라는 극단적이지만 아주 효과적인 방법을 써서 그것이 미치는 영향을 탐구했다. 뇌의 호흡중추가 일으킨 횡격막 신경 양쪽의 율동적인 활성화가 몇 초마다 횡격막을 자극해 우리는 계속 숨을 쉰다. 그런데 횡격막 신경을 절단하면, 그 말단부에서는 축삭돌기가 퇴화한다. 그리고 곧바로 아세틸콜린(운동신경과 수의근 사이 시냅스의 신경전달물질) 수용체에 풍부한, 근육의 시냅스후기관을 이루는 다양한 요소도 흔적 없이 사라진다.

무언가를 다시는 하지 않게 하는 방식은 세계 공통의 교육법이다("다시는 이러면 안 된다!").

반대로 횡격막 신경과 횡격막 사이의 자극과 같은 시냅스의 반복적인 자극[42]은 시냅스가 계속해서 작동하게 한다.

한 단락을 반복해서 읽거나, 노래로 또는 피아노로 선율을 반복해서 듣거나, 시 또는 기도문을 암송하면 그 기억이 유지되고 강화된다는 점은 상식이다. 사실 기술은커녕 반복 외에는 구구단, 시, 또는 노래를 배울 뾰족한 방법은 달리 없다.

안드레스 세고비아나 파코 데 루시아는 각 곡을 수백 번 연습했기 때문에 기타를 그렇게 잘 연주했다. 파바로티와 시내트라도 그들이 부른 모든 노래를 수백 번 연습했고, 헤르베르트 폰 카라얀도 그가 지휘한 모든 베토벤 교향곡을 그렇게 했다.

신경을 제거한 횡격막 실험이 극적으로 보여주듯
시냅스의 폐기는 그것을 거쳐 이동한 정보를 완전히 소멸시키는
확실한 방법이다. 라몬 이 카할이 1893년에 주장하고[11] 현대
신경과학이 증명한 대로 시냅스가 기억 보관소로 여겨지는
한, 인간과 모든 동물에게 일어나는 진짜 망각의 대부분은
시냅스의 폐기에서 비롯된다.

신경계가 발달하는 동안 *예정된* 뉴런의 죽음이
일어나는데 이를 '세포 자멸'이라 한다.[43] 인간의 경우, 네 발로
기다가 두 발로 서고 걷는 시기(일반적으로 10~14개월)에 세포
자멸이 아주 두드러진다. 인간은 8~9개월에 손과 다리로
빠르게 기어 다니는 법을 숙달하는데 이를 좌지우지하는
세포가 소멸하기 때문에 우리는 네발짐승처럼 행동하는 법을
사실상 잊고 남은 생애 동안 두 발로 걷게 된다. 세포 자멸로
기어 다니는 법을 아는 뉴런이 몸에 남지 않기에, 그걸 다시
배울 수는 있어도 몹시 어색하게 느껴질 뿐이다. 우리는 생후
9개월이나 10개월 무렵 세포 자멸로 기어 다니는 법을 아는 뇌
체계를 삭제했다.

세포 자멸은 우리가 살아가면서 한때만 스쳐가기에

세포 자멸로 기어 다니는 법을 아는
뉴런이 몸에 남지 않기에, 그걸 다시
배울 수는 있어도 몹시 어색하게
느껴질 뿐이다.

————

중요하지 않고 그래서 반복되지 않는 기술, 사람, 동물, 사실,
사물에 대한 기억을 어떻게 상실하는지 가장 잘 설명해준다.

망각의 기술은 자산이다

장기 기억은 하루 이상 지속된다. 하지만 그 가운데 어떤
기억은 사나흘만 지속되고 또 어떤 기억은 몇 주나 몇 개월
또는 몇 년 동안 지속된다. 노인이 기억하는 자신의 어린
시절처럼 몇 년 동안 지속되는 기억은 원격 기억이다.

　　　기억이 지속되는 것은 부분적으로 그 기억의 감정적
내용이나 개인적인 중요성 때문이다. 앞서 말한 대로 우리는
많은 각성이 따르는 강렬한 감정 상태에서 습득한 기억을
오랫동안 기억한다. 이 과정은 보통 기저외측 편도체로부터의
입력 그리고 노르아드레날린성 및 도파민성 자극으로, 해마에
있는 기억 형성 세포의 유전자가 활성화하고 단백질 합성이
강화된 결과다. 이는 생화학적 과정을 자극하여 DNA의 전사와
번역을 강화하는 것으로 이어진다.[9,10,31,32]

하지만 우리는 감정적 내용이 약한 사건과 사실을 오랫동안 기억하기도 한다. 초등학교에서 배운 일부 물리학이나 기하학 법칙, 영화의 사소한 장면, 그 자체로는 아무런 의미도 없는 노래의 한 구절이나 파편, 수십 년 동안 보지 못해 이름을 잊어버린 사람의 얼굴 같은 것들 말이다. 그런 사소한 사실이나 사건이 우리 삶에 중요한 무언가를 상징한다는 가설이 많지만 입증되지는 않았다. 고등학교나 대학교에서 정해진 시험을 통과할 정도로만 공부한 다음 배운 걸 영원히 잊어버리는 사람이 있다. 반면에 어떤 사람은 똑같이 공부한 내용을 평생 기억한다.

그리 자극적이지 않은 기억이 지속되는 핵심 요인은 최초 학습 직후에 재응고화가 성공적으로 이루어졌기 때문일지 모른다(기억이 응고된 후에 그것과 유사한 정보가 입력되면 응고된 기억이 재활성화되거나 상기되어 불안정한 상태로 바뀌고, 여기에 새로이 입력된 정보가 통합된 후 다시 응고되는 것을 재응고화라 한다ー 옮긴이).

지난 10년 동안 과학자들은 몇 시간 전에 습득한 단순한 기억의 지속을 조절하는 해마 기제를 연구해왔다.

어떤 기제는 도파민성 섬유질이 조절하고, 또 어떤 기제는 노르아드레날린성 구심성 신경이나 콜린성 시냅스가 조절한다.[16, 44, 45] 다른 기제는 해마에서 뇌 유래 신경영양인자가 방출되도록 촉진함으로써 작용하고[44] 또 다른 일부는 생화학적 변수에 따라 작용한다.[45] 이들 기제의 전반적인 효과는 이전에 응고화한 기억을 하루나 이틀만이 아니라 7일 이상 더 오래 지속하게 하는 것이다. 이는 설치류 실험과 인간을 대상으로 한 검사를 통해 연구됐다.[44]

그러나 기제로 알려진 이것들이 단순히 세포 수준의 응고화가 진행될 때 기억 조절에 관여하는 것들의 영향이 연장된 결과라는 주장이 있는데, 그럴 가능성이 커 보인다.[25]

쥐와 인간 모두에서 수명의 후반기, 다시 말해 쥐는 1세, 인간은 40세에 기억을 지속시키는 기제가 작동하지 않기 시작한다. 예를 들어, 쥐는 단순하면서 혐오스러운 기억을 약 1년 동안 아주 잘 유지할 수 있지만 수명이 끝나가는 2세 무렵에는 약 50퍼센트를 기억한다. 40세가 안 된 사람은 이전에 접한 적 없는 스포츠 경기에 관해 새로 학습한 정보나 며칠 전 본 영화에 관해 우연히 습득한 정보를 적어도 1~2주 동안 기억할 수 있다. 하지만 40세가 넘은 사람은 하루나 이틀밖에 유지하지 못한다.[44] 최초 학습 후에 도파민/노르에피네프린 강화제를 투여하면, 40세가 넘은 사람의 기억을 젊은 사람 수준으로 연장할 수 있다.

한 가지 의문은 '이런 치료가 정말로 유용하거나 필요할까?'이다. 우선 모든 마약과 마찬가지로 도파민/노르에피네프린 강화제가 부작용을 일으킬지 모른다. 게다가 지난 며칠 동안 우연히 습득한 그리 중요하지 않은 기억을 망각하는 일은 40세가 넘은 사람에게 유용하다. 오늘 주차한 곳과 혼동하지 않으려면 이틀 전에 사무실 건물 주차장 어디에 차를 두었는지는 잊어버리는 편이 더 낫다. 오늘 주차한 곳을 정확히 기억해야 오늘밤 사무실을 무사히 떠날 수 있다. 며칠 전에 습득한 중요하지 않은 학습의 사소한 세부 사항도 잊어버리는 게 더 낫다. 직장 상사가 한 얘기, 지난번에 사용한 서류철이나 책, 드라이버를 놓아둔 곳 등 오늘 중요할지 모르는 것을 더 잘 기억하기 위해서 말이다.

더 재빠르고 기억력이 좋지만 주의가 산만한 젊은 사람보다는 40세가 넘은 사람에게 경영 업무나

경영직(교수, 회장, 임원, 장군, 코치)을 맡기는 경우가 많다.
왜냐하면 그들에게는 큰 *그림*이나 지금 하고 있는 일에
집중하기 위해 최근의 세부 사항을 잊어버리는 능력이 있기
때문이다.[46] 사소하거나 쓸모없는 세부 사항을 버리는 재능은
습득 가능하고, 이런 재능은 큰일을 하기에 적합한 *자산*이자
*경험*에 속한다.

〈기억의 천재 푸네스〉에서 보르헤스는[14] 말했다.

"그는 푸네스가 사고에는 그리 능숙하지 않다는 인상을
받았다. 사고하려면 일반화를 위해 망각해야만 한다."

재응고화

지금은 주로 최근에 발견된 재응고화 과정 때문에 기억이
지속된다고 여겨진다.[47]

재응고화는 강화를 동반하지 않는 기억 인출이
가져오는 두 가지 주요 결과 중 하나인데, 다른 하나는 소거다.

기억이 학습 후 첫 몇 시간이나 며칠 안에

오늘 주차한 곳과 혼동하지 않으려면
이틀 전에 사무실 건물 주차장 어디에
차를 두었는지는 잊어버리는 편이 더 낫다.

————

인출되면 향상되거나 강화될 수 있다. 이 과정은 온몸에, 포유동물의 경우 해마나 편도체에 투여되는 리보솜의 단백질 합성 억제제로 완전히 차단할 수 있다.[46,48,49] 재응고화는 기억의 아주 일반적인 속성이고, 게[49]부터 인간[50]까지 많은 종에서 규명되었다.

기제의 관점에서 지금까지 가장 중요한 실험이 쥐를 대상으로 이루어졌다.[46,48,51] 학습과 기억 인출의 간격이 며칠 이상이면 소거가 두드러진다. 대부분의 기억(예를 들어 어제 습득한 그리 중요하지 않은 기억)을 망각하는 이유는 조기에 인출되지 않기 때문이다. 그래서 40년 전 짐 맥고는 "망각이 기억의 가장 두드러진 양상"이라고 말했다.

반복이 기억을 지속시키는 유서 깊은(그리고 분명히 시간 의존적인) 방법이라는 건 오랜 상식이었다. 시, 노래, 악기, 구구단을 배우는 데 비교적 짧은 간격을 두고 반복하는 것보다 더 나은 방법은 없다.

소거도 재응고화될 수 있다. 소거가 이런 속성을 가졌기 때문에 대표적인 정신 요법으로 쓰이게 되었다. 이 정신 요법은 기본적으로 원치 않는 기억, 특히 두려운 기억을 형성한 원래

자극과 비슷한 자극에 환자를 반복해 노출시킴으로써 그
기억을 소거하는 것이다.[51,52]

5장

기억을
응원하는 것들

읽기는 어떻게 기억을
오래도록 유지시키는가

진짜 망각은 뉴런이나 시냅스의 폐기 또는 소멸에서 비롯된다. 그것은 기술이 아니다. 우리의 의지는 시냅스나 뉴런, 세포의 죽음에 직접 관여하지 않는다. 반대로 기억을 유지하려면 정기적인 훈련이 필요하다. 이것은 우리의 의지를 요구하고, 그래서 기술이다.

앞서 이야기한 대로 시냅스를 사용하면 기능이 향상되고 사용하지 않으면 위축된다. 기억은 시냅스에서 형성되고 시냅스에 의해 유지된다. 분명 시냅스가 건강하게 작동할수록 기억이 더 잘 형성되고 유지된다. 이는 시냅스가 수행하는 모든 기능에 대입해도 자명한 이치다. 손가락의 신경 근육 시냅스를 더 많이 사용할수록 기타를 연습하거나, 글을 쓰거나, 음악을 연주하기 위해 키보드를 두드리기에 더 좋다.

기억 훈련은 시냅스를 좋은 상태로 유지하는 유일한 방법이고, 최고의 기억 훈련법은 '읽기'다.

우리는 각 기억을 형성하는 데 어떤 시냅스를 사용하는지 정확히 모른다. 하지만 시냅스가 뇌 속 어디에 있는지는 비교적 잘 알고 있다. 시냅스는 해마, 기저외측 편도체, 내후각피질, 전전두엽피질에 있고, 습관화에 사용되는 시냅스는 소뇌와 기저핵에 있다.

시각 기억은 시각피질과 더불어 망막을 이 피질과 연결하는 경로를 사용할 것이다. 또 시각 신호를 다른 정보와 연결하는 기억은 연합 피질 영역을 사용할 것이다. 언어 기억은 전두엽, 측두엽, 두정엽의 언어 관련 영역을 사용할 것이다. 운동 요소를 가진 기억은 운동피질을, 청각 요소를 가진 기억은 청각 체계를 사용할 것이다. 다양한 감각 양식의 통합적 작용 또는 다른 요소와의 상호작용을 요구하는 복합 기억은 분명 피질과 다양한 조합의 여러 영역을 사용할 것이다.

이 모든 영역을 동시다발적으로 활성화하는 활동이 바로 *읽기*다. 읽기는 우리와 다른 모든 동물을 구별해주는 활동이다. 많은 동물이 소통할 목적으로 소리를 낸다. 예를 들어 돌고래나 고래가 내는 '원시 형태의 언어'라 할 만한 소리가 그것이다. 문법과 통사론과 읽기를 포함하는 '진정한 언어'는 다른 동물의 능력을 넘어서고 우리가 아는 한 인간만이 언어를 쓴다.

인간은 약 1세까지 돌고래나 고래처럼 음이나 음절을 발음해서 의사소통에 이용한다. 2세가 되면 하나 또는 몇 개의 음절로 단어를 만들어 사용한다. 이는 의사소통 능력을 질적으로 향상시켜 보다 명확히 하도록 해준다. 2세 반에서 3세 반 사이에는 작은 구절을 만들게 된다. 이로써 우리는 귀중한 보물 같은 약간의 언어를 소유한다. 이때부터 우리는 우리가 인식하거나 행하는 모든 것을 이 새로운 도구로 번역한다. 그래서 다른 인간, 동물, 또는 사물 자체를 언급하는 게 아니라 그것을 나타내는 단어나 일군의 단어를 언급하는 상징적인 방식으로 기억을 형성한다. 이를 시작으로 인지 방식이 점점 상징화되고, 그럴 때 사물은 있는 그대로 기억되는 게 아니라 호명되는 대로 기억된다.

우리는 점점 더 정교한 정신을 갖게 되고, 글자를

기억을 훈련해 유지하는 데
도움이 되는 가장 좋은 방법은
읽고, 읽고, 또 읽는 것이다.

————————

단어로, 단어를 구로 결합해 날마다 무한한 논리적 표현
기능을 더욱 잘 사용하게 된다. 나이를 먹으면서 전언어적
유아기에 배운 것과 개념을 기억하지 못하는 건 놀라운 일이
아니다. 다른 코드를 사용해 그것을 배웠기 때문이다. 실제로
우리가 그랬고, 어려서 새로운 나라로 온 이민자는 항상 그렇게
한다. 3, 4세에 우리는 모두 새로운 언어 세상에 온 이민자다.

　　마음대로 사용할 수 있는 언어를 갖지 못한 다른
동물과 마찬가지로, 어릴 때 우리는 언어 없이 어떤 코드로,
이름이 붙지 않은 실재의 부분으로 전언어적 항목을 학습했다.
인간의 기억 목록이 3, 4세에 습득한 기억에서 시작하고, 소수
사람만이 그 이전 시기의 무언가를 기억하며, 또 기억하더라도
아주 흐릿하거나 말로 완전히 표현할 수 없는 주된 이유 중
하나가 이것이다. 이것이 모든 이유는 아닐지라도 말이다.

　　3세 반에서 6세 사이는 말을 글로 옮기고 그것을
판독할 수 있는, 다시 말해 읽을 수 있는 단계다. 쓰기와 읽기는
우리를 다른 동물과 더 분명하게 구분할 뿐 아니라 읽는 법을
모르는 사람과도 구별한다. 읽는 법을 모르는 이는 사회에서
결정권의 몫이 가장 적은 사람으로 격하된다.

엘리자베스 개스켈(Elizabeth Gaskell, 영국 소설가)은 "그 경주는 재빠른 사람이나 힘센 사람을 위한 게 아니라 현명한 사람을 위한 것이다"라고 말했다. 내가 다니던 의과대학의 생리학 교수로 라틴아메리카에서 처음으로 노벨 과학상을 받은 베르나르도 오우사이(Bernardo Houssay)는 수업 시간에 이 구절을 자주 되풀이해 말했다. 적어도 읽기 능력은 경주에 이기기 위해서가 아니라 정보 의존적 세상의 일상생활에 참여하고 발언권을 가지려면 반드시 필요한 최소한의 지혜다.

읽기는 앞서 언급한 모든 뇌 영역과 기억 형태를 사용하고 실행하는 유일한 활동이다. 읽을 때 우리는 흔히 다른 감각 기억과 더불어 작업 기억, 언어 기억, 시각 기억, 영상 기억, 의미 기억을 실행하고, 또 많은 경우에 운동 기억을 실행한다. 우리의 성대는 보통 부지불식간이기는 하지만 단어의 인출에 자극을 받는다.

기억을 훈련해 유지하는 데 도움이 되는 가장 좋은 방법은 읽고, 읽고, 또 읽는 것이다. 분명 우리는 다른 일을 해서 다른 형태의 기억을 동원할 수도 있다. 하지만 읽는 것만큼, 시각에 결함이 있는 사람에게는 만지고 냄새를

맡으면서 듣는 것만큼, 많은 유형의 기억을 완전히 동원하는
일은 없다.

_____

기억 훈련

우리 뇌가 '기억 훈련'(Practicing Memory)을 읽는다고
가정해보자.

　　읽기는 제목의 첫 글자인 대문자 'P'로 시작될 것이다.
글자 'P'를 읽을 때 우리 뇌는 즉시 방대한 기록 보관소를
훑어 대문자 'P'로 시작하는, 뇌가 아는 온갖 단어를 찾는다.
'피터'(Peter), '진주'(Pearl), '파리'(Paris), '판테온'(Pantheon),
'펜실베이니아'(Pennsylvania), '파라과이'(Paraguay) 등. 서구인은
대부분 왼쪽에서 오른쪽으로 글을 읽는다. 이에 익숙한 뇌는
'P'를 발견하는 즉시 바로 오른쪽을 살펴볼 것이고, 몇 밀리초
후에 글자 'r'을 발견할 것이다.

　　뇌는 곧바로 '피터', '진주', '파리', '판테온', '펜실베이니아',
'파라과이'를 지우고 이제 어떤 언어든 '교수'(Professor),

'왕자'(Prince), '프로메테우스'(Prometheus)와 같이 'Pr'로
시작하는 단어를 찾으며 다시 오른쪽을 살피기 시작한다.
'프로메테우스' 외에 다른 단어는 대부분 보통명사다. 단어가
대문자 'P'를 갖는다면, 어떤 구절의 맨 앞에 있는 것임에
틀림없다. 뇌는 둘러*보고서* 이것이 어떤 구절, 실은 제목의
시작 부분임을 깨닫는다. 그래서 즉각 이전에 훑어놓은 것을
지우고, 망각에 관한 책 속의 한 구절을 이끌 수 있으면서
'Pr…'로 시작하는 단어를 찾아 새로 훑는다. '훈련'(Practice),
'사적인'(Private), '주된'(Principal), '아마도'(Probable)…….

　　　뇌는 오른쪽을 살펴 'Pr' 뒤에 따라오는 글자가
'a'임을 발견한다. 뇌는 몇 가지 선택지를 바탕으로 답을
유추하기로 하는데, 그것은 우리 뇌가 아주 자주 하는
활동이다. 뇌는 '훈련'을 내걸고서 'a' 뒤에 오는 글자가 'c'임을
발견하고 계속해서 't'를 발견한다. 이제 선택지가 '훈련'과
'훈련의'(Practical)를 포함하는 것으로 더 줄어들었다. 뇌는 다시
오른쪽을 살펴 'i'를 보고서 '훈련'(Practicing)을 내건다. 눈길이
빠르게 확인하고는 그게 올바른 단어임을 뇌에게 알린다.

　　　이제 다시 오른쪽을 본 뇌는 빈 공간을 발견하고

'훈련'이 첫 단어임을 깨닫는다. 그래서 두 번째 단어의 첫
글자로 계속해서 나아간다. 그것은 'm'이다. 다음 글자로
건너뛰어 훑는 데 몇 밀리초가 걸린다는 점에 주목하자. 우리가
읽는 속도는 상당히 빠른데, 글을 읽고 쓸 줄 아는 성인이 전체
제목을 읽는 데 걸리는 시간은 보통 1초 미만이다.

       '기억 훈련'을 읽는 아주 잠깐 동안 우리 뇌는 다양한
기억 체계를 사용했고, 몇 가지 언어로 된 다양한 단어 기록을
대대적으로 살폈다. 그래서 우리는 역시 대단히 짧은 시간
동안에 '피터'들과 '펄'(Pearl, 진주라는 뜻으로 여기서는 여성의
이름을 나타낸다─옮긴이)들의 얼굴을 떠올렸다. 게다가 파리의
팡테옹 그리고 로마의 판테온을 연상하고("파리의 아름다움,
로마의 장려함"), 심지어 토니 베닛(미국의 가수)과 샌프란시스코와
1960년대에 대한 기억까지 이어지는 약간 향수어린 분위기를
1초의 몇 분의 1 동안 느꼈다.

       우리 뇌는 아주 짧은 시간에 무의식적으로 비교적
상당수의 연관을 만들었다. 읽기가 다른 무엇보다도 더욱
다양한 뇌 속의 기억과 경로와 사람과 개념과 노래와 감정을
철저히 활용하는 유일한 활동이라고 하는 건 바로 이런

이유에서다. 뇌는 읽는 동안 대단히 다양한 원천에서 알게 된 많은 것을 살피고 장소, 얼굴, 심지어 노래를 회상한다. 읽기는 온갖 종류의 기억과 기억의 연관을 훈련시킨다. 기억 훈련에 읽기만큼 완전하고, 유용한 지적 훈련은 달리 없다.

아무도 완전하지 않다

보르헤스는 50세 즈음에 시력을 잃었다. 그때부터 36년 뒤 삶을 마감할 때까지, 그는 다른 사람에게 소리 내어 책을 읽어달라고 부탁했다. 말하자면 다른 사람을 통해 *읽은* 것이다. 존 밀턴을 포함해 역시 눈이 보이지 않던 역사 속 몇몇 시인도 마찬가지였다. 시력을 잃은 사람은 대개 그렇게 한다. 오늘날에는 눈이 보이지 않는 많은 사람이 *읽을* 수 있는, 즉 글을 훑어 글의 내용을 스피커를 통해 설명해주는 컴퓨터를 사용한다. 태어날 때부터 눈이 안 보이는 사람은 이런 장치를 사용할 수 있고, 볼 수 없는 사람은 모두 점자의 자모에 손을 대어 *읽는* 방법을 배울 수 있다.

인간은 후각과 청각을 이용해 세상에 대처하는 개나 쥐
같은 다른 동물보다 시력 상실로 인한 고통이 비교적 더 크다.
우리 인간은 두드러지게 *시각적인* 동물이고, 인간의 시각피질은
다른 포유류의 시각피질보다 더 크고 더 많은 세포를 가지고
있다.[9] 새와 곤충은 인간보다 더 예리한 시각을 가졌지만
읽거나 쓰지 못한다. 누구 말마따나 "아무도 완전하지 않다."

우리 뇌가 어떻게 읽는지를 보여주는 앞서의 예에서,
읽기가 유발하는 기억 사이의 상호작용을 언급한 바 있다.
포르투갈어로 된 것이지만, 읽기에 대한 비슷한 분석이 있으니
참조하기 바란다.[9]

또 다른 차원의 기억 간 상호작용이 일상생활에서
일어난다. 이는 읽지 않고도 항상 어느 때건 일어날 수
있으면서 분명 기억을 훈련시킨다. 다음의 예가 그것이
무엇이며, 어떻게 이루어지는지 충분히 설명해줄 것이다.

새를 보거나 새소리를 듣는데, 단순한 연관에 의해
그것이 나무에 대한 기억을 불러온다고 생각해보자. 우리는
나무를 보면서 과일을 떠올리고, 과일 가운데 오렌지를, 그
다음에는 특정한 오렌지를, 다시 말해 아주 어렸을 적 어머니가

우리를 위해 껍질을 까주던 오렌지를 떠올린다. 그래서 새는 몇 초 안에 어머니에 대한 기억을 불러다준다. 그 여인은 내게 처음 젖을 주고, 나를 꼭 안아줬다. 어머니와의 관계는 내가 많은 사람, 동물, 사물, 장소에 대해 느끼는 애정을 포함해 나의 전 생애에 스며들었다. 확실히 연관은 어디서나 찾을 수 있다.

모든 기억은 어떻게든 연관되어 있다. 습관화의 기억도 특정한 자극과 결여된 다른 자극의 연관에서 비롯하는 것으로 규명됐다.

하지만 앞 단락에서 새를 보거나 새소리를 들으면서 촉발된 각 연관 자체가 우리의 기억에 영향 받는다는 사실에 주목하자. 새가 나무와 연관된다는 사실, 나무가 오렌지와 연관된다는 사실 등을 우리가 기억하는 것이다. 삶과 그에 대한 우리의 전반적인 인식은 많은 경험을 포함하고, 그 모든 경험이 기억을 남길 수 있으며, 그 기억은 모두 연관되어 있다. 우리가 아주 많은 것을 망각한다는 사실은 놀라운 일이 아니고, 그래서 그만큼 많은 연관이 실패하곤 한다.

공부의 용도

많은 젊은이, 특히 대학에 들어갈 나이에 가까운
고등학생이라면 흔히 이런 의문을 품는다.

'왜 공부를 할까?'

그리고 그 이전에 (쓸모없이 느껴지는 것을 가르치려드는
수업이 끝없이 계속되는) 초등학교에 다니는 아이들은 집, 학교,
친구 집과 친척 집, 그리고 또래끼리 소통하는 거리로 이루어진
축소된 세계에 머물도록 제한받는다. 공부의 용도는 무엇일까?
놀고, 다른 사람들과 관계를 맺고, 어디든 중요한 곳으로 가고,
거리의 새로움과 위험성을 감지하고, 사랑을 주거나 받는 데
공부는 직접적으로 도움이 되지 않는다. 하지만 인간은 수세기
동안 공부를 권장해왔고, 공부를 많이 한 사람들이 살기 좋은
사회를 만들어왔다. 아이들, 특히 10대들은 이로 인해 심각한
딜레마에 맞닥뜨린다. 하지만 공부를 포함한 경험 부족으로
그들은 대개 이 딜레마를 완전히 해결할 수가 없다.

공부는 단 하나, 무언가를 학습하는 데, 따라서 우리가
살아가는 세계를 확장하는 데 도움이 될 뿐이지만, 그것은

공부는 우물 안에 갇혀 자신을
만물의 왕으로 여기는 사람과는
다른 삶을 살게 한다.

————

아주 거대한 *단 하나*이다.

공부는 햄릿처럼 우물 안에 갇혀 자신을 만물의 왕으로 여기는 사람과는 다른 삶을 살게 한다. 또 공부는 우리가 알면 이로운 많은 나라, 언어, 문화, 기후, 사물이 있음을 알게 한다.

*단 하나*는 지식으로 세계를 확장시키는 것만을 의미하지 않는다. 알츠하이머병 같은 치매가 확장을 포기하게 해서, 병을 앓게 된 몇몇 사람(한 분은 내 아버지이고 또 한 분은 세계적으로 유명한 물리학자였다)이 내게 말한 대로 '우리를 보잘것없는 존재로 되돌'릴 수 있다는 사실을 깨달을 때, 그 *단 하나*의 의미를 더욱 잘 이해할 수 있다.

수많은 연구가 읽기, 학습, 그리고 그에 의한 기억의 형성이 중요하다는 사실을 한층 더 분명하게 보여준다. 이들 연구는 배우, 교사, 교수같이 많이 읽고 공부하는 사람은 노령에 동반되는 기억력 쇠퇴가 줄어들고 더 늦게 시작된다는 사실을 말해준다.

알츠하이머병과 다른 형태의 치매에서 발생하는 기억력 상실 또한 마찬가지다. 수많은 도시인을 대상으로 한 연구가 이를 지속적으로 보여준다. 고령자, 특히 치매를 앓는 고령자의 기억력 상실은 사회경제적 지위, 스트레스(일부 홀로코스트 희생자는 상당히 기민한 정신을 유지하며 아주 오래까지 살았다), 슬픔(우울증을 겪는 많은 노인이 행복한 삶은 아니지만 기민한 정신을 유지하며 산다) 등의 요인과는 그리 큰 연관성이 없다. 그런데 다른 요인보다 읽기가 요구되는 직업을 가진 고령자는 확실히 기억력 상실이 더 적다. 직업상 많이 읽어야 하는 배우, 가수, 음악가, 교사, 교수는 기민한 정신을 유지했고, 덜 읽은 사람보다 훨씬 더 많은 나이까지 기억력 면에서 건강했다.

읽기 외에 고령자의 기억력 상실을 예방하는 다른 주요 비결은 '신체 운동'이다. 운동이 뇌 혈류를 포함한 일반적인 혈액 순환을 전반적으로 개선시킬 뿐 아니라 새로운 뉴런 형성을 자극하기 때문이다.

기억력 상실을 예방하는 또 다른 요인은 '균형 잡힌 식습관'인데 나쁜 콜레스테롤과 성인 당뇨병, 고혈압을 예방할 뿐 아니라 뇌의 영양 상태를 적절히 유지시키기 때문이다.

또 하나의 요인은 우리 주변의 삶, 우리 이웃과 도시와 국가와 세계의 소식에 대한 관심, 그리고 마지막으로 말하지만 앞서 말한 어느 것 못지않게 중요한 사회생활에 대한 관심이다.

기억력 상실 예방에 관한 하버드 보건 간행물(Harvard Health Publications on Preventing Memory Loss)의 웹사이트에서 이들 요인에 대한 훌륭한 설명을 찾아볼 수 있다.

60세나 70세가 넘은 사람이 보이는 가벼운 정도의 기억력 상실은 의미 있는 내용이 실제로 손실되기보다는 기억의 형성이나 인출이 느려지는 게 특징이다. 여기에는 더 빨리 희미해지는 단기 기억의 부분 손실이 포함된다. 나이 든 사람은 젊은 사람보다 훨씬 더 자주 그 유명한 *혀끝에서 맴도는* 현상을 경험한다("영화 〈현기증〉을 만든 감독? 아, 그 사람 이름이 혀끝에서 맴도는데. 잉글랜드인 아니었나? 잠깐만 있어봐, 기억이 날거야.").

60세나 70세가 넘어서 단기 기억이 감퇴하고 오래된 서술 기억을 떠올릴 때의 어려움이 심해지면 경도인지장애로 보는데, 75세 이상 노인 가운데 20퍼센트가 넘는 사람이 이를 겪는다고 한다.

의사나 심리학자는 일반적인 방향정위(장소, 날짜)를 묻는 간단한 질문, 단기 기억, 간이정신상태검사(MMSE, 이 설문지는 몇 분 안에 답할 수 있다) 반응에 따라 검사받는 사람이 경도인지장애인지 또는 그 기준에 미치지 않는지를 판단한다.

경도인지장애 환자는 전형적으로 사람의 이름이나 새로 방문한 장소명을 기억하는 데 어려움을 겪고, 때로는 대화의 흐름을 기억하는 데 다소 어려움을 겪거나 짧은 기간 동안 주의력을 잃는다. 덧붙여 점점 물건 둔 곳을 잊어버리거나 특히 새로 습득한 주소, 전화번호, 비밀번호를 잊어버리는 경향이 높아진다. 많은 경우 경도인지장애 환자는 이런 어려움을 의식하고 점점 메모와 달력에 의지하면서 대부분 극복한다. 일반적으로 경도인지장애를 겪는 사람은 질문 받으면 곧바로 답을 하지는 못하지만 몇 초 또는 몇 분 후, 때로는 몇 시간이나 며칠 후에 정확한 답을 하게 된다.

경도인지장애를 겪는 비교적 많은 사람(어떤 설명에 따르면 50퍼센트가 넘는 사람)이 알츠하이머병이나 다른 형태의 치매로 진행된다. 어떤 이는 경도인지장애를 치매의 전구 증상(해당 질환의 증상이 분명하게 나타나기에 앞서 나타나는 불특정한 증상 ─ 옮긴이)으로 보지만 대부분 동의하지 않는다. 어쨌든 경도인지장애이든 초기 치매이든 아니면 둘 다 아니든, 가벼운 수준의 기억장애를 가진 많은 노인은 계속 활동하며

기본적으로 정상적이고 생산적이며 정서적으로 만족스러운
생활을 수년 동안 이어간다.

경도인지장애는 앞서 말한 MMSE에 더해 기억력
저하에 따른 불편함 호소, 문제의 지속 기간, 그리고 인지능력
저하에 따른 다른 호소(조직, 계획 등에서의 문제)가 수반되는지
철저히 분석해 진단한다. 의사는 환자의 병력, 복용하는 약,
그리고 우울증 가능성을 알아야 한다. 경도인지장애는 흔히
우울증 증상을 동반하지만, 일단 정신 치료와 약물 치료를
병행하면 증상은 빠르게 진정된다. 또 불안장애가 인지능력을
심각하게 망가뜨릴 수 있는데, 이것도 정신 치료와 적절한
약으로 충분히 치료된다. 수면 장애도 기억 문제를 일으키는
주요 원인이고 마찬가지로 의학으로 치료할 수 있다. 의사와
건강 관리자는 지력이 뛰어난 환자를 다룰 때, 잘 훈련된
뇌는 훈련되지 않은 뇌가 꿈도 꾸지 못할 일을 할 수 있고[53,
54] 알츠하이머병 초기 단계조차 한동안(때로는 길게, 때로는 짧게)
막아낼 수 있다는 점을 항상 기억해야 한다.

앞서 말한 아르헨티나의 노벨 생리학상 수상자는
경도인지장애 증상을 극복하기 위한 비결 또는 전략으로 만날

사람에 관한 간단한 메모를 준비해 이용한 일로 유명했다.
그는 상대가 하는 일과 가족 사항 등 세부 정보를 대강 적어
호주머니에 넣고 다녔다. 사람을 만나기 전, 메모한 내용을
빠르게 살펴보고는 나이에 비해 기막히게 좋은 기억력을
과시해 주위 사람을 놀라게 하는 걸 즐겼다. 그가 그렇게 하기
시작한 건 50세쯤이었다. 당시 그는 기억력이 점점 나빠지는
걸 느꼈지만 경도인지장애 증상과는 거리가 멀다고 생각했다.
실제로 그는 80세가 넘도록 경도인지장애 징후를 보이지
않았고 아주 왕성하게 일했다. 그는 넘어진 후 몇 개월 동안
생애 처음으로 일손을 놓아야 했는데, 그 후 사망할 때까지
치매나 다른 뇌 장애 징후는 보이지 않았다.

　　대학교수였던 내 아버지는 알츠하이머병으로 몇 년
동안 입원한 적이 있다. 입원 기간 중 예전 대학 졸업생들이
찾아와 아버지에게 한 가지 부탁을 했다. 곧 열릴 과학회의에서
아버지가 그들과 함께 진행했던 연구에 관한 포스터를
소개해달라는 부탁이었다. 아버지는 조용히 병원 생활을
계속하면서 며칠 동안 옛 자료를 여러 차례 거듭 검토하고
공부했다. 포스터를 소개하는 날, 아버지는 자신이 가진 옷 중

가장 좋은 푸른색 양복을 입고 가장 좋은 붉은색 타이를 맸다.
만약의 경우에 대비해 아버지가 발표하는 동안 옛 제자들이
붙어 있었지만, 그들이 끼어들거나 아버지를 중단시킬 필요는
없었다. 아버지의 포스터 소개가 흠 잡을 데 없었기 때문이다.

중요한 신호와 소음을 가리는 법

작업 기억 체계를 끊임없이 방해하는 정보의 홍수 속에서
어떻게 망각의 기술을 발전시킬 수 있을까? 그 홍수 속에서
신호와 소음을 어떻게 구별할 수 있을까? 어떻게 진정 중요한
기억을 알아내 유지하고 나머지는 버릴 수 있을까?

　　　신경과학의 시조 중 한 사람인 산티아고 라몬 이 카할은
이런 문제에 부닥쳤을 때(물론 1920년대에 밀려든 정보의 홍수는
오늘날에 비하면 별것 아닌 정도였다) 막막함을 느꼈는데, 더욱이
그는 80세를 넘긴 나이였다. 이 문제에 대한 답은 훈련으로 그
모두에 대처하는 방법을 학습할 수 있다는 것이다.

　　　항공관제사들은 순전히 훈련으로 항공관제 일을 배울

수 있고, 그러지 못하는 경우는 아주 드물다. 덕분에 오늘날 항공 교통은 몇 년 전보다 훨씬 더 복잡한데도 전 세계의 모든 공항이 항상 완벽하게 잘 돌아간다. 전쟁이나 재난 상황에 놓였을 때 많은 사람들이 생명을 구하는 일을 정확하게 그리고 성공적으로 수행한다. 물리학자는 복잡한 추론과 계산을 요구하는 상황에서도 유감없이 실력을 발휘한다. 뛰어난 운동선수도 마찬가지다. 곡예사, 자동차 경주자, 전투기 조종사는 위험한 상황에서도 자기 일을 잘해내고 생명을 위협하는 상황에 대처하기 위해 학습한다. 이 모든 예에서 각자 자기가 하는 일을 학습하고 학습한 것을 수행하는 동안, 그들의 작업 기억은 위험을 불러올 만한 실수가 벌어지지 않는 한 수많은 시행착오를 거쳐 신호와 소음을 구별하는 법을 학습한다. 매일 조금씩 그 구별법을 습득하기에 학습을 그만두는 법이 없는데, 이것이 무엇보다 중요하다.

우리가 부주의로 자동차 사고나 심각한 실수를 저지를 뻔할 때도 이와 유사한 원리로 작업 기억을 사용한다. 우리의 작업 기억은 때맞춰 몸의 나머지 부분에게 오른쪽으로 핸들을 돌리라거나 들어간 곳에서 뛰쳐나와 벗어나라고 말한다. 우리의

작업 기억 또는 '중앙정보관리자'가 우리에게 막 충돌하려는
트럭 운전수의 셔츠 색이나 총을 쏠 참인 사람의 눈 색깔은
신경 쓰지 말라고 할 때도 동일한 유형의 추론을 사용한다.

'그냥 오른쪽으로 핸들을 돌리거나 뛰쳐나가라.'

동맥수술을 할 때는 수술할 동맥을 주변 조직이나 다른
동맥과 재빨리 구별해야 한다. 폭발이나 지진 후 건물 잔해
속에서 생존자가 희미하게 외치는 소리를 감지하려면, 아무리
시끄러워도 주변의 모든 소음을 우리 정신이 의식하지 못하게
해야 한다. 훈련을 받은 집중력 있는 사람은 그렇게 할 수
있다. 바로 이런 이유에서 좋은 운전자, 군인, 외과의, 소방관이
되려면 아주 많은 훈련이 필요하다. 세상의 모든 엄마는 이
기술의 챔피언이다. 엄마는 방 세 칸 건너편에 있는 아기의
희미한 울음소리를 단번에 감지하는 법을 습득한다.

작업 기억에서 '망각의 기술'은 불필요한 것과 부수적인
것, 다시 말해 소음을 식별하고 신호를 우대하는 능력의
습득으로 구성된다.

다른 형태의 기억, 특히 장기 기억에서 망각의 기술은
원치 않는 기억의 신경 경로가 활성화되는 걸 피하는 것으로

구성된다. 대개 이것이 가장 어렵고, 이를 학습하려면 정신치료사의 도움이 필요하다. 여기서 앞서 말했다시피 동료 중독자와의 상호작용으로 충분히 삭제할 수 있는 약물중독의 기억은 제외된다.

변조 또는 기억이나 인출의 뇌유도성 억제가 망각의 기술을 흉내 내는데, 그것은 꽤 만족스럽게 기능한다. 이들 과정은 이후에 이야기할 것이다. 변조와 억제는 끝내 우리의 뇌리를 떠나지 않아 정상적인 생활을 불가능하게 만드는 *원치 않는 기억*에 대응하는 데 도움을 준다. 나쁜 기억이 고통을 주는 최악의 예는 외상 후 스트레스 장애(PTSD)라 불리는 극적인 정신의학적 증후군이다.

부인과 변조

부인(denial)과 기억 변조는 인간의 고유한 특성 중 하나이며, 삶을 지속하려면 어느 정도 필요하다. 부인과 변조는 비교적 자동적이고 무의식적이다. 우리는 원치 않는 기억을 마치 그 일이 일어나지 않은 듯이 무시하거나(부인) 우리에게 더 편리한 다른 기억으로 바꿔버린다(변조).

이것이 가진 문제는 독일인들 말대로 "거짓말은 오래가지 못한다"(Lügen haben kurze Beine)는 점이다. 뜻밖의 자극이나 상황이 전혀 예기치 못한 순간에 나쁜 기억을 원래의 불쾌한 실상으로 되돌릴 것이고, 그것이 심각한 문제를 일으키기도 한다. 예를 들어 우리가 부인하던 무섭거나 굴욕적인 사건이 위험한 항공기동작전이 한창인 때에 뇌리를 스치면 추락할 수도 있다. 바이올린 독주회 도중에 그런 일이 일어나면 관중으로부터 야유를 받을 수도 있다.

부인 기제는 알려진 바가 거의 없다. 기억 손실의 예방을 국부적 뇌의 혈류 변화와 연관 짓는 연구가 특별히 이루어지지는 않았다. 국부적 뇌의 혈류 변화와 연관 짓는 것은, 이런저런 뇌 영역이 행동에 특정한 영향력을 미치는지를 간접적으로 확인하기 위해 사용하는 방법이다. 부인은 불안 기제와 관련이 있다고 여겨지지만 증명된 바는 없다. 어떤 이는 부인이 기억 억압 기제와 연관이 있으리라고 추정한다. 억압은 지그문트 프로이트가 특정한 기억의 은폐나 억제를 나타내려고 만든 용어이지만 증명과는 훨씬 더 거리가 멀다.

　　부인은 우리가 흔히 사용하는 수동적인 대처 방식으로, 심장질환, 비만, 당뇨병, 중독처럼 앓고 싶지 않고 죽음으로 이어질 수 있는 질병을 가진 사람에게는 특히 위험하다. 부인은 치료에서 멀어지게 하고, 그래서 목숨을 위험에 빠뜨린다. 다른 모든 사람이 보기에는 질병, 일련의 증상, 또는 문제가 명백한데도 아니라고 주장하는 경우 흔히 '부인한다'고 한다.

　　기억의 변조는 좀 더 많은 것이 알려져 있다. 자발적으로 또는 비자발적으로 기존 기억을 거짓 정보로 수정하는 것이 변조다. 자발적인 기억 변조에 대해서는 사실상 말할 수 있는 게 아무것도 없다. 이는 그야말로 거짓말을 위조해 끝내 믿어버리는 것이다.

　　비자발적으로 또는 자연스럽게 일어나는 거짓 기억의 형성은 미국 심리학자인 대니얼 샥터(Diniel Schacter)가 자세히 연구했다. 그는 《기억의 7가지 죄악》(The seven sins of memory)[55]이라는 훌륭한 책을 썼다. 그 7가지 죄악 가운데 하나가 기억의 변조다. 샥터는 물론 *죄악*이라는 단어를 비유적이고 은유적인 의미로 사용한다. 실은 *죄악*이라는 단어

자체가 항상 은유적이다.

또 다른 미국 심리학자인 엘리자베스 로프터스(Elizabeth Loftus)는 오래도록 이 문제를 연구했는데, 자동차 사고 실험으로 유명하다.[56] 로프터스는 여러 학생에게 자동차 사고 동영상을 보여준 다음, 그들에게 무엇을 봤는지 상세하게 물었다. 실험 대상자는 몇 개 집단으로 나뉘어졌는데, 그 집단 사이의 유일한 차이는 각 집단에게 던지는 질문에 사용하는 단어 가운데 하나가 다르다는 점이었다. 어떤 이는 "차들이 서로 들이받았을 때 속력이 어느 정도였나요?"라는 질문을 받았다. 또 어떤 이는 '들이받다'는 단어가 '박살나다'나 '충돌하다'나 '부딪히다'로 바뀐 질문을 받았다. '박살나다'라는 단어가 쓰인 질문을 받은 사람이 가장 높은 속도를 말했고, 뒤이어 내림차순으로 '충돌하다', '부딪히다', '들이받다'였다. 일부 학생은 또 "동영상에서 유리가 깨졌나요?"라는 질문을 받았다. '들이받다'라는 단어가 쓰인 질문을 받은 대다수 학생은 정확하게 '아니다'라고 대답했다. '박살나다'라는 단어가 쓰인 질문을 받은 대다수 학생은 '그렇다'라고 말했다.[56] 질문에 쓰인 *단 하나*의 단어가 사람들이 실제로 기억하는 것에 큰 차이를 만들어냈다.

이 실험 후 10년 동안 로프터스는 목격자 증언의 결함을 밝혀달라는 요청을 여러 차례 받았다. 로프터스의 관찰과 견해는 전 세계에서 인정받았고 미국과 다른 나라에서 법제도 변화로 이어졌다. 로프터스는 질문을 받을 때 각기 다른 단어에 노출되면 사건 목격자의 진술이 달라질 수 있음을 처음으로 분명하게 보여주었다.

마르시아 차베스(Marcia Chaves)와 나는 학생들에게 그들이 태어나기 전에 열린 1954년 스위스 월드컵에 관한 사실 정보가 담긴 16줄짜리 글을 공부하게 했다. 그 글을 공부하고 1~3시간 후에 일부 학생은 당시 스포츠 해설가가 그 월드컵이 최악이라고 말했다는 내용이 담긴 쪽지를 받았다. 이틀 후 우리는 실험 대상자들에게 공부한 자료를 바탕으로 결과, 우승팀, 사건 등 구체적이고 사실에 기반을 둔 열 가지 질문을 했다. 그 월드컵이 형편없었다는 쪽지를 받은 학생들은 10개 문항 가운데 3개 문항을 맞춰 보잘것없는 점수를 받았다. 쪽지를 받지 않았거나 그 월드컵이 훌륭했다는 쪽지를 받은 학생들은 대략 7점을 받았다. 월드컵이 형편없었다는 쪽지가 글을 공부하고 6시간 후에 주어지면 효과가 없었다. 이와 같이 학습 직후에 주어진 불특정한 성질의 논평이 이전에 습득한 사실 정보에 상당한 영향을 미쳤다.[57]

이 실험은 눈으로 본 사건 대신 글로 쓰인 자료를 이용하고 실험 시에 단어를 변화시키는 대신 시간을 정해놓고 학습한 후 앞서 읽은 자료에 질적 변화를 가하는 방식을 써서, 기억의 응고화에 관한 로프터스의 연구 결과를 지지하고 강화한다.[25] 다른 때보다 학습 직후에 행한 약리학적 또는 행동적 조작이 기억을 바꾸는 데 더 효과적이라는 사실을 확실히 보여주는 오랜 증거도 있다.[17,25] 앞서 이런 연구 결과에 대해 이야기했는데, 학습 후 (세포 수준의) 응고화라는 개념은 실로 이에 의존한다.

조작되는 거짓 기억

현대 에스파냐어권에서 가장 유명한 이야기꾼인 노벨문학상 수상자 가브리엘 가르시아 마르케스(그는 내가 이 책을 쓰는 동안 사망했다)는 명백히 거짓인 많은 정보가 담긴 공상적인 자서전(《살아남기》[Vivir para contarla])을 썼다. 첫 구절에서 그는 이렇게 말한다. "(우리의) 삶은 우리가 산 것이 아니라 우리가 기억하는 것이고, 우리가 그것을 기억해서 이야기하는 방식이 (중요하다)."[58] 이 책을 읽는 건 즐거운 일이다.

거짓 기억을 형성하는 게 꼭 죄악은 아니다. 우리는 우리 자신에 대한 사실 아닌 이야기를 믿곤 한다. 물론 거짓 정보를 의도적으로 삽입해 잘못된 기억을 만들어내는 일은 윤리적 또는 법적으로 문제가 될 수 있다. 하지만 이런 경우나 가르시아 마르케스가 문학에서 차용한 경우 외에도, 거짓 기억은 우리처럼 평범한 사람들에 의해 수시로 만들어지며 여러모로 일상생활의 일부분이다.

우리 대부분은 우리가 여섯 살 때 지냈던 방이 아주 컸고 살던 동네가 천국(또는 지옥)이었다고 기억하는데, 이는 대개 완전히 틀리다. 세상은 실은 악한인 인물의 영웅적인 동상(銅像)으로 가득하다. 그들은 뒷발로 선 말 위에 올라타 오른손으로 칼을 들고서 빛이 환한 먼 곳을 바라본다. 그도 그럴 것이 역사책만 들여다봐도 국가가 부당하게 위대한 정치가

또는 영웅으로 추어올린 사람에 대한 거짓 정보로 가득 차
있다. 이런 영웅 숭배는 영화 〈용서받지 못한 자〉(1992년)에서
클린트 이스트우드가 "자격은 전혀 상관없다"라고 한 유명한
대사를 떠올리게 한다. 국가는 영웅 숭배를 필요로 하고, 일부
영웅이 실제로 어떤 사람인지, 동상으로 만들어질 자격이
정말로 있는지, 아니면 잊히는 게 더 나은지 살피지 않는다.
많은 나라가 군인 영웅, 동상 등에 관한 기억을 구축하는데,
흥미롭게도 브라질은 예외다. 브라질에는 남북아메리카의
워싱턴, 볼리바르(베네수엘라의 정치가이자 장군), 산
마르틴(아르헨티나 태생으로 아르헨티나, 페루, 칠레를 에스파냐로부터
독립시킨 지도자), 미국 양차대전의 장군들, 에스파냐의 엘
시드(11세기경 그리스도교의 옹호자로서 무어인과 싸운 에스파냐의
영웅), 또는 프랑스의 잔다르크에 대한 숭배와 비교할 만한 게
없다.

노인은 이야기, 행위, 또는 가족이나 친구 가운데
대상을 바꾸어 거짓 기억을 만들어내는 경향이 있다. 많은
심리학자가 확실히 노인은 슬픈 기억보다 행복하거나 적어도
쾌활한 기억에 특전을 준다고 생각한다.

내 어머니는 나이가 들어서 종종 내 외삼촌이 했던 재미있거나 엉뚱한 일을 *떠올렸는데*, 그걸 내가 했다고 생각했다.

"이반, 네가 네 스튜드베이커(19세기 중반에 설립된 미국의 자동차 회사이자 이 회사에서 만든 자동차 이름)를 시내 광장 한가운데에 있는 분수로 몰았던 때를 기억하니?"

(만약 외삼촌이 그랬다면) 외삼촌이 그렇게 했을 때 나는 서너 살이었고, 내가 운전을 배웠을 때는 거리에서 더 이상 스튜드베이커를 찾아보기가 어려웠다. 나는 그 차를 몰아본 적이 없었다.

다섯 살에서 열 살 사이의 아이들도 때로 믿기 힘든 이야기를 하고, 그것을 철석같이 믿곤 한다. 그런 이야기에서 아이들은 괴물 또는 범죄자를 물리치거나 아니면 여동생 또는 어머니를 지키기 위해 행동한다. 그 나이의 아이들은 상상의 친구를 가질 뿐 아니라 그 친구와 함께 한 일이나 그 친구에게 한 말이 진짜라고 기억한다.

어린 아이나 노인이 만들어내는 대부분 거짓 기억은 다소 무의식적으로 조작되고 본의 아니게 만들어지며 상당히 순수하다. 그러나 사이코패스가 흉계를 위해 만들어내는 거짓 이야기는 그렇지 않다. 이들의 거짓 *이야기*를 거짓 *기억*과 혼동해서는 안 된다. 범죄를 저지르고 붙잡힌 사이코패스는 계획적으로 자신이 만들어낸 이야기를 거짓 기억인 체할 수 있다.

단세포적인데다 남의 영향을 받기 쉬운 사람은 그렇게 하는 게 자신에게 이익이 된다고 생각하면, 진실이 아닌 이야기도 진실로 믿는다. 남북아메리카와 오스트레일리아의 일부 유럽 이민자 후손은 자기네 조부모 시대 사람처럼 옷을 입은 인물을 찍은, 심히 손본 사진을 흔히 구입한다. 그러고는 자신과 이웃에게 그 사람들이 진짜 자기네 조부모라고 거듭 말하고, 몇 년 그런 체한 후에는 그 이야기를 스스로 믿어버리거나 아니면 적어도 진짜인지 아닌지 헷갈려 한다.

독일 여행에서 돌아온 직후에 거리에서 내가 아는 한 독일인 후손을 만난 적이 있다. 나는 그에게 부모가 독일 어디 출신인지 물었다. 그는 나를 우두커니 보더니 눈물을 글썽이며 "사실은 몰라요"라고 말했다. 그러고 몇 년 후 나는 그를 다시 만났다. 그의 전반적인 행색, 장담, 함박 미소가 곧바로 그의 인생에 뭔가 기쁘고도 중대한 일이 일어났음을 말해주었다.

"저기요, 좀 조사를 해보고서 우리 부모님이 포메라니아 출신이란 걸 알아냈어요."

이렇게 말하고 그는 나를 향해 활짝 웃었다. 며칠 후에 독일인 후손을 같이 아는 한 친구가 내게 말해주었다. 독일인 후손의 말은 사실이 아니며 그가 어떤 영화를 본 후 자기 부모가 포메라니아인이라고 확신하게 되었고, 더 이상 어느 누구하고도 그게 사실인지 아닌지 왈가왈부하지 않을 거라고 말이다. 이제 옷을 좀 더 잘 차려입고 환히 웃는, 우리가 같이 아는 독일인 후손은 그의 가족이 떠나온 독일에 대한 거짓 기억을 자가이식한 덕에 더 이상 시선이 멍해지거나 눈물을 글썽이며 고향을 떠올리거나 이야기할 필요가 없었다. 그는 마침내 고향을 발견해낸 것이다.

사이코패스가 만들어낸 기억이 그 사람의 목적 달성에 이용될 만한 사람, 즉 남의 영향을 받기 쉬운 사람에게 실제로 주입될 수 있다. 예를 들어, 20~30년 전 캘리포니아에서는 젊은 사람 사이에 자기 부모를 성적 학대로 고발하는 일이 일종의 유행이었다. 대체로 남의 영향을 받기

쉽고 무지한 청년들이 유행에 휩쓸렸는데 비윤리적인 심리
치료사들이 그렇게 믿도록 유도한 것이었다. 청년들은 부모를
재판에 넘겨 합의금을 받아 치료사들과 돈을 나눠 가졌다.
이런 사기극은 대개의 경우 피고 측 변호사가 전문가 증인으로
불러온 유명한 정신과 의사와 심리학자의 도움으로 궤멸되었다.
하지만 어떤 경우에는 그 거짓말쟁이들 뜻대로 되어서
고발당한 부모의 명예가 심각하게 훼손되었다. 경찰관이나 다른
사람들이 누군가를 감옥에 집어넣기 위해 만들어 주입한 불법
마약 소지에 관한 거짓 기억과 거짓 증거를 포함하는 비슷한
사기극에 관한 이야기를 많은 나라와 영화에서 볼 수 있다.

　　　거짓 기억은 망각의 한 형태를 암시한다. 거짓 기억으로
대체하기 위해 진짜 기억을 완전히 또는 일부 지워야 하기
때문이다. 순수한 거짓 기억은 더 나은 삶을 사는 데 도움이
된다. 자신이 포메라니아인의 후손이라고 믿게 된 내 지인처럼
말이다. 하지만 다른 많은 경우에, 거짓 기억은 해롭거나
피해를 주거나 위험한 결과를 가져올 수 있다. 거짓 기억은 주로
자연스럽게, 그리고 우리 의지가 아니라 깊은 욕망에 반응해
만들어지고, 차례로 더 많은 거짓 기억 또는 부정확한 정보가

거짓 기억은 망각의 한 형태를
암시한다. 거짓 기억으로 대체하기
위해 진짜 기억을 완전히 또는 일부
지워야 하기 때문이다.

————————

따라온다. 진짜 기억이 거짓 기억으로 대체될 때 진짜 기억에 대한 억압이 일어나는데, 이는 자발적인 행위이다.

대개의 경우, 거짓 기억은 의도적으로 만들어지지 않는다. 의식에 의지하는 일 없이 뇌가 단독으로 만들어낸다. 뇌는 실재하거나 상상한 정보를 이용하는데, 후자에는 우리 뇌가 드러내놓고 또는 은밀히 일어나기를 바라는 일이 포함된다. 그것은 흔히 희망사항이나 바랐지만 실제로 실현되지 않은 요소들의 결과이다.

거짓 기억을 이용해 우리가 우리의 과거라고 생각하는 것을 수정할 수 있다. 심지어 어떤 사람은 자신이 실제로 머스킷 총을 든 병사 또는 카우보이 또는 외과의사 또는 다른 무언가라고 생각할 수 있다.

때로 거짓 기억으로부터 진짜 기억을 추출해내기가 어렵다. 이것이 우리 주변에 성공적인 거짓말쟁이가 그토록 넘치는 이유다.

민주주의는 좋은 기억력을
필요로 한다

최근 조사는 다수의 브라질인과 영국인이 지난 선거에서
누구에게 표를 던졌는지 기억하지 못한다는 사실을 알려준다.
2002년 미국인 대다수는 지도에 아프가니스탄을 표시하지
못했다. 당시 몇 년 동안 미국 일간지가 1면을 할애해
아프가니스탄이 어디에 붙어있는지를 수시로 보여주었는데도
말이다. 2003년 즈음에 이미 이라크와 두 차례 전쟁을
치렀는데도 미국인 대부분은 이라크가 어디에 있는지 몰랐다.
다수 독일인이 제1차 세계대전을 누가 시작했는지 기억하지
못하고, 많은 오스트리아인이 히틀러가 오스트리아 태생임을
모른다. 러시아인은 자국이 1900년대 초에 일본과 전쟁을
해서 졌다는 사실을 학교에서 배운다. 그런데 러시아 성인
대부분은 이런 전쟁을 치렀다는 사실조차 기억하지 못한다.
아르헨티나와 브라질의 젊은이 대다수가 그들 나라가 최근
수십 년 동안(그들은 대개 이 시기에 태어났다) 군사독재 하에
있었다는 사실을 알지 못하고 믿지 못한다. 한 미국 참전용사가

1980년대에 십대 자녀들과 암스테르담에 있는 안네 프랑크
박물관을 방문했다. 아이들은 아버지가 어떤 전쟁에서
싸웠는지 기억하지 못했고 박물관을 지루해했다.

　　"아, 아빠. 다른 데로 가요, 따분해요. 여긴 싫어요."

　　아이들의 아버지는 제2차 세계대전 당시 히틀러에 맞서
싸웠다.

　　망각은 부분적으로 해당 정보가 잘 응고화되지
않거나 충분히 반복되지 않았기 때문이다. 또 부분적으로는
질문을 받은 사람이 그 질문이 묻는 것을 잊고 싶어 하기
때문이다. 역사적 관점에서 이런 결과는 최근 수십 년 동안의
인류 역사에 자국이 낀 것은 그들 자신의 책임이 아니었거나 더
이상 아니라고 생각하고 있음을 말해준다.

　　노르베르토 보비오는 "우리가 기억하는 것이 바로
우리다"라고 말했다. 여기에 이렇게 덧붙일 수 있을지 모른다.

　　"우리가 잊고 싶어 하는 것이 바로 우리다."

　　1945년 이후 세계 곳곳에서 출현하는 신나치즘을
설명할 길은 없다. 그러나 신나치즘의 출현에는 자국의 최근
역사를 잊으려는 대중의 선택 결과 외에도 온갖 위험이 뒤따를

주요한 역사적 사건에 대한 광범위한
망각은 자유로운 개인인 우리에게
다가오는 불길한 미래의 징조다.

————————

것임은 자명하다.

또 한편으로 망각은 독재 정부의 끈질긴 노력 때문이다. 그들은 수년 동안 마음대로 주무를 수 있는 온갖 통신 수단을 이용해 자신들이 저지른 행위에 대한 온갖 뉴스와 언급을 지워왔다. 나는 독일 강제수용소 근처에 살았던 사람들을 알고 있다. 성실한 그들은 강제수용소가 존재했다는 사실조차 몰랐다(그러나 수년 동안 그 존재를 안다는 사실을 억압하도록 철저히 훈련되었다는 게 좀 더 그럴듯하다).

그러나 민주 정부를 가진 브라질인이나 영국인이 지난 선거에서 누구에게 투표했는지 잊은 것이나 미국인이 한때 이웃의 아들이 파병되었던 아프가니스탄 또는 이라크가 어디에 있는지 잊은 데는 이 설명이 적용되지 않는다. 이런 망각은 주의력이나 관심이 부족한 결과 기억이 취약해 소실되었다는 것으로 가장 잘 설명할 수 있다. 완전한 민주주의의 실천은 분명 이보다 훨씬 더 나은 기억력을 요구한다.

무지에서든, 주입된 허위 정보에서든, 또는 둘 다(독일, 브라질, 아르헨티나는 이 둘이 이어지는 지난한 과정을 겪었다)에서든, 주요한 역사적 사건에 대한 광범위한

망각은 자유로운 개인인 우리에게 다가오는 불길한 미래의
징조다. 이를 해소하는 기술은 민주주의 사회가 이미 들이는
것보다 훨씬 더 큰 노력을 요구할 것이다.

6장

기억의 질병

뉴런이 하는 일

프로그램된(예정된) 세포의 죽음 또는 자멸(아포토시스)은 정상적인 세포 교체의 통상적인 요소인데, 뇌에서는 덜 일반적이다. 이는 뉴런 대부분이 재생하지 않기 때문일 것이다.[9, 43] 세포 자멸은 일련의 분명한 생화학적 기제를 수반하며 호르몬과 성장에 의해 조절된다.[43] 간질에서 보이는 과도한 활성화 또는 흥분전달물질인 글루타메이트에 의한 장기간의 자극을 이용하는 실험에서 보듯, 뉴런의 활동 항진은 세포 자멸로 이어질 수 있다. 실제로 뉴런의 죽음은 대개 질병을 나타내는 특징이다.

그러나 뉴런의 죽음은 한편으로는 다양한 뇌 상태의 발생과 회복에 일조한다. 앞서 우리가 10~14개월에 네발짐승처럼 행동하는 시기에서 두발짐승으로 행동하는 시기로 성장할 때, 세포 자멸이 하는 역할을 살펴봤다. 이때 뇌가 어떤 세포를 없애고 어떤 세포를 남길지 프로그래밍하고 어떤 운동 행동 정보를 지속하고 어떤 정보를 폐기할지 선택하는 데는 무의식적이고 선천적인 기술이 있다.[9]

간질을 일으키는 뇌 조직은 일부 뉴런에서 일어나는 선천적이고 불분명한 대사 과정이 원인이다. 이는 뉴런의 본래 속성인 대사가 교란되어 발생하거나, 뇌혈관성 질환에서처럼 낮은 관류(허혈 또는 국소빈혈)의 자극 효과 또는 종양이나 다른 손상의 결과로 발생한다. 대개 간질은 몇 가지 약으로 치료되고 잘 제어되는데, 그렇지 않은 경우에는 외과적 처치 방법(수술)을 쓰기도 한다.

해마 또는 측두엽 끝 나머지 부분이 위축되고 경화되면 해마 세포가 과도하게 자극을 받는데, 이로 인해 간질이 자주 재발해서 정상적인 생활을 하지 못할 정도에 이르기도 한다. 이는 저 뇌 부위가 서술 기억을 형성하고 인출하는 데 아주 중요하기 때문이다. 측두엽 간질은 통상 수술로 치료한다. 그러면 측두엽의 기능, 특히 기억의 형성과 인출이 정상적으로 회복된다.

뇌의 일부 영역에서는 세포 자멸에 뒤이어, 뉴런이 죽은 곳 근처에서 그에 상응하는 새 뉴런이 증식한다. 소뇌피질과 해마가 이들 영역에 속한다. 새 뉴런의 생성은 신경 발생(neurogenesis)이라고 한다. 이를 페르난도 노테봄(Fernando Nottebohm)[59]보다 더 상세히 연구한 사람은 없는데, 노래하는 새를 연구 대상으로 삼았다. 새는 짝짓기 시기마다 많은 뉴런을 잃고 재건한다.

환자 H.M.이 밝힌 것들

국부적인 간질 초점을 제거하는 측두엽 수술은 1953년 원시적인 단계에 있었다. 당시 유명한 미국 신경외과의사였던 윌리엄 스코빌(William Scoville)은 2008년 사망한 H.M.이라는 환자의 양쪽 측두엽 전면부를 제거했다.[60] 그가 사망한 후 의학자와 과학자 대부분은 그를 그의 완전한 이름인 헨리 몰래슨으로 부르기로 했다. 하지만 이 본명은 잘 떠오르지가 않으므로, 이 책에서는 인간 기억 연구에서 유명한 임상 이름인

H.M.으로 계속 부르려고 한다. H.M.은 양쪽 관자놀이(측두) 끝에 간질 초점을 가지고 있었고, 간질이 아주 심해 약에 반응을 보이지 않았다. 1953년만 해도 측두엽 끝 간질 초점 수술은 오늘날의 그것과는 아주 거리가 멀었다. 오늘날에는 간질 초점 치료를 위한 수백 건의 측두엽 수술이 매주 전 세계의 많은 전문화된 센터에서 이루어지는데, 부작용이 거의 또는 전혀 없다.

수술 후 H.M.의 발작은 극적으로 줄어들었지만, 새로운 서술 기억을 형성하는 능력 역시 극적으로 감퇴됐다. 그래서 그는 수술 이전 여러 주에 걸쳐 형성한 모든 기억을 상실했다. 30~40년 전에 인기를 끌던 '하노이의 탑'을 포함해 일부 퍼즐처럼 손을 쓰거나 몇 가지 인지 기능을 학습하는 능력은 여전히 유지했으나, 그것을 어떻게 완성했는지는 설명할 수 없었다("퍼니, 그걸 알아내려 했지만 그럴 수가 없었어요."). 그는 자기 방에서 화장실로 가는 길이나 몇 시간 전에 이야기를 나눈 사람의 얼굴을 익히는 데 큰 어려움을 겪었다. 1953년보다 더 오래전에 발표된 곡은 기억했지만 전날 듣고 좋아한 곡은 기억하지 못했다. 1953년 이전에 있었던 세계 주요 사건에 대한

일반적인 정보는 기억했지만, 존 F. 케네디나 요한 바오로 2세가
누구인지 또는 한국 전쟁이 어떻게 끝났는지 학습할 수는
없었다.

H.M.은 언젠가 "내 마음이 체(가루나 물 등을 거르는 데
쓰는 부엌 도구—옮긴이) 같다"라는 말로 자신의 상태를 상당히
생생하게 묘사했다. 정보는 잠깐 동안 그 안에 머물렀지만 더
이상 유지되지 않았다.

컴퓨터단층촬영이나 자기공명영상이 없었던 오랜 세월
동안 H.M.의 외과적 손상은 양측 해마의 절제 때문이라고
추정됐다. 그리고 이런 믿음은 해마가 기억에서 핵심적인
역할을 한다는 생각에 박차를 가했다. 브렌다 밀너(Brenda
Milner)는 H.M.을 신중하면서도 완전히 신경심리학적으로
연구했고, 이것이 오늘날 '기억에서 해마가 하는 역할'에 대해
알려진 사실을 발견하는 토대가 되었다.[60]

H.M.이 66세이던 1990년대에 마침내 수잰
코킨(Suzanne Corkin)과 동료들이 자기공명영상장치로 그를
검사했다.[61] 코킨은 손상이 상당히 대칭적이고 측두의 양극
피질, 편도체 대부분, 내후각피질을 포함하지만, 해마의 약

3분의 2만 절제됐다는 사실을 발견했다. 해마 꼬리 대부분은 위축되기는 해도, 양측 모두 온전했다. 따라서 H.M.이 겪은 기억의 손상은 필시 양측 내후각피질이 완전히 절제된 결과에 따른 것이었다. 내후각피질은 구심성과 원심성의 해마 연결부를 받아들인다.[62] 그것이 양측 모두 절제되었다는 얘기는 해마가 뇌의 나머지 부분으로부터 양쪽으로 고립된 것이라고 볼 수 있다.

H.M.은 2008년에 사망했다. 하지만 기억을 생물학적으로 이해하는 데 그가 남긴 유산은 우리에게 아주 오래도록 남을 것이다.[63] 2014년 수잰 코킨과 공동 연구진은 조직 절개와 3차원 재구성에 기초해 H.M.의 뇌에 대한 정교한 사후 분석 결과를 발표했다.[64] 연구진은 해마를 포함한 양측 해마 또는 측두엽 손상을 가진 몇몇 다른 환자도 몇 년 간 함께 연구했다.[65,66] 이들 모두와 H.M.의 공통된 특징은 일화 기억에 대한 심각한 순행성 또는 역행성 기억상실증이다. 그들은 새로운 일화 기억을 만들 수 없거나(순행성 기억상실증) 손상 이전의 몇 주 또는 몇 달 동안 습득한 것을 기억하지 못한다(역행성 기억상실증). 순전히 해마만 손상된 한 환자는

일화(자전) 기억에만 한정된 기억상실증을 겪으면서 의미
기억(사실, 규칙, 개념)은 상당한 정도 살아 있었다고 한다.[65] 이런
임상적 손상을 재현하는 동물 실험을 여러 차례 진행한
결과 인간과 동물 모두 동일한 종류의 기억, 즉 서술 기억의
기억장애를 일으키는 것으로 밝혀졌는데, 특히 자전 기억이
영향을 받고 절차적 지식은 해를 입지 않았다.

　　편도체만 손상된 환자는 비교적 드물다. 그들은 일화의
감정적 요소를 습득하고 기억하는 데 어려움을 겪지만, 인지적
요소는 학습하고 기억한다. 이런 환자는 차에 치여 응급실에
실려 간 어린 소년에 관한 슬라이드를 보고 평범한 자원
봉사자뿐 아니라 그 이야기의 비감정적인 요소는 기억하면서도
좀 더 감정적인 측면은 기억하지 못해, 그 슬라이드 이야기를
하면서도 동요하지 않는 모습을 보인다.[67]

망각의 홍수 속 기억의 섬

많은 사람에게 망각은 병변 때문이다. 병리적인 기억의 손실은

기억상실증이라고 한다. 말했다시피 새로운 기억을 형성하지 못하는 것은 순행성 기억상실증이라고 한다. 기존 기억을 손실하는 것은 역행성 기억상실증이라 한다.

여기에는 기술이 없고, H.M.이 말한 대로 오로지 뇌가 기억을 유지할 수 없기 때문에 기억이 손실될 뿐이다. 순행성 기억상실증은 뉴런 기능에 결함이 있거나, 새로운 기억을 처리하기에 필요한 만큼의 시냅스가 부족해서 생긴다. 습득한 후 하루 이틀 만에 손상되는 역행성 기억상실증은 기억을 지속시키기에 충분한 시냅스나 단백질 합성을 조달하지 못해 일어난다. 좀 더 오래가는 기억이 손상되는 역행성 기억상실증은 대개 뉴런의 기능 손상이나 죽음 또는 다양한 질병(이 중 많은 것이 퇴행성 질병이다)에 따른 시냅스의 위축 때문에 생긴다.

앞서 기억상실증의 원인이 측두엽 일부분의 양측 절제 때문이었던 H.M.의 한 가지 사례만 이야기했다. 하지만 때로 H.M.의 경우보다 훨씬 더 심각한 정도로 정상적인 생활을 하지 못하게 만드는 질병이 있다.

기억에 영향을 미치는 주요 질병군은 치매다.

이들 가운데 유병률이 가장 높은 병은 80세가 넘은 사람의 약 20~25퍼센트에서 발생하는 알츠하이머병이다. 최근에 전 세계인의 기대 수명이 높아지면서 노화가 더 늦춰지고, 노령의 질병 발생 시기도 역시 더 늦춰졌다. 알츠하이머병이 발병하는 나이도 늦춰졌는데, 앞서 말한 대로 알로이스 알츠하이머가 발견한 이 질병의 최초 사례는 51세 여성이었다. 1980년대에는 60세가 넘은 사람의 30퍼센트가 이 질병을 앓았을 것이라고 추정된다.

두 번째 가장 흔한 치매 유형은 고혈압을 가진 환자에게서 발병하는데, 이는 혈관에서 유래한다. 즉 죽상경화반(콜레스테롤과 염증을 일으키는 세포 등이 축적되어 동맥 내부에 죽처럼 끈적끈적하게 붙어 있는 상태―옮긴이)에 쌓이는 혈전과 콜레스테롤, 지방질 침전물이 동맥 혈류를 방해하면서 생기는 것이다. 이런 상황은 일정 시간이 지난 후 혈관 벽이 두꺼워지는 현상을 동반한다. 뇌 혈액 관류(irrigation) 장애로 인한 치매는 단독으로 발생하거나(모든 치매의 15~20퍼센트), 알츠하이머병과 겹쳐진다(모든 치매의 약 15~20퍼센트).

치매의 기억 손실은 몇 해에 걸쳐 진행되고, 그 주기가 끝나는 시점에 우리는 잘 아는 사람의 얼굴, 아주 익숙한 장소, 심지어 언어에 대한 기억마저 상실할 수 있다.

앞서 경도인지장애는 60세가 넘은 사람의 10~20퍼센트에서 발생하는 증상이라고 말했다. 경도인지장애를 겪는 사람은 모든 종류의 기억, 특히 일화기억을 떠올리는 데 어려움을 호소한다. 어떤 사람은 경도인지장애가 두드러지면 알츠하이머병 또는 다른 형태 치매의 전조 또는 전구 증상으로 본다.

신경퇴행성 질병이 불러오는 기억상실증은 뇌의 콜린성 체계에 작용하는 몇 가지 약으로 치료한다. 콜린성 체계는 해마와 다른 전뇌에서 기억 응고화와 인출을 담당하는 주요 조절물질이다. 치료 약 가운데 가장 널리 알려진 것은 리바스티그민, 갈란타민, 도네페질이다.

치매 환자의 콜린성 체계가 잘 작동하지 않음을 보여주는 증거는 많다. 콜린성 체계가 없는 유전자를 이식받은 쥐는 심각한 기억상실증과 그 밖의 다른 신경 장애를 보였다.[68] 아세틸콜린 수용체 중 하나인 스코폴라민을 대뇌

내 또는 전신에 투여하면 아주 심각한 일시적 기억상실증을
유발하는 것으로 오랫동안 알려졌고, 그 이래 줄곧 연구에
이용됐다.[69]

뇌의 글루타메이트성 전달은 서술 기억의 응고화와
인출에 관여하는 뇌 체계 기능의 기저를 이룬다.[31,32] 해마를
비롯해 뇌의 다른 부위 글루타메이트 수용체에 작용해
정기적인 글루타메이트성 전달을 강화하는 약물인 암파킨 또한
치매 치료에 어느 정도 효과가 있다고 알려져 있다.

초기 알츠하이머병 환자는 좋은 기억력의 섬을
유지할 수도 있다. 섬은 어느 정도 정상적으로 기능하는
내후각피질이나 두정엽피질의 비교적 손상이 덜한 실제 조직을
말한다. 내가 아는 두 대학교수(한 사람은 노벨상 수상자이다)는
각자 알츠하이머병에 걸린 후 몇 년 동안 여전히 찾아오는 예전
학생들과 문제없이 대화를 나눌 수 있었다. 몇몇 학생은 대화가
아주 유익했다고 말했고, 두 노교수 모두 무의미한 장광설
도중이기는 해도 학생들과 유용하고 정확한 서지학적 또는
과학적 정보를 교환할 수 있었다. 어떤 학생은 뇌가 손상된
교수가 함께 이야기 나누던 중요한 논문을 외우고 있어서

알츠하이머병 환자를 이미 인생이
끝난 사람으로 일축해서는 안 된다.

————

완벽하게(저자 이름, 이름 첫 글자, 잡지 제목, 연도, 권수, 첫 페이지와
마지막 페이지) 언급했다고도 말했다. 또 다른 학생은 교수가
임종을 며칠 앞두고 침대에 누워서까지 자신에게 중요하고
분별력 있으면서 실제적인 충고를 해주었다고 했다. 이처럼
알츠하이머병 환자의 뇌 속에는 완전히 망가지거나 상실된
기억의 홍수 속에 잘 보존된 기억의 섬이 흔히 존재한다. 일부
기억의 섬은 완전히 또는 어느 정도 온전한 뇌 물질의 섬에
상응한다.

그래서 우리는 알츠하이머병 환자를 이미 인생이 끝난
사람으로 일축해서는 안 된다. 일부 알츠하이머병 환자는
정신의 파편이 끝까지 아주 잘 작동할 수 있기 때문이다. 죽을
때까지, 목숨을 건 투쟁에서 退出되는 사람은 아무도 없다.

우울증을 반드시 치료해야 하는 이유

인구의 약 6퍼센트(여성이 남성보다 2 대 1이 넘는 비율로 더 많다)가
한번쯤 걸리는 우울증은 쉽게 감지할 수 있는 해부학적인

변화를 동반하지 않고(어떤 사람은 우울증이 해마의 위축과 관련 있다고 말하지만 많은 사람이 이를 부인한다), 흔히 어느 정도의 기억상실을 동반한다.

되돌릴 수 없는 퇴행성 질병의 경우와는 달리 우울증의 기억장애는 애초의 질병인 우울증이 치료되자마자 회복되는데, 치료는 보통 인지 심리 치료와 항우울제를 결합해 이루어진다. 지난 5~10년 동안 항우울제의 수는 늘어났다. 이들은 뇌 신경전달물질인 노르에피네프린, 도파민, 세로토닌의 작용을 강화하는데, 기분 조절에 관여하며 임상 우울증(우울증은 심각성 정도에 따라 가볍고 일시적인 슬픔부터 심각하고 지속적인 우울함까지 다양한데, 임상 우울증은 좀 더 극심한 형태의 우울증으로 주우울증[major depression] 또는 주요 우울 장애라고도 한다— 옮긴이)에는 듣지 않는다고 여겨진다.

오늘날 많이 사용하는 항우울제는 선택적으로 세로토닌의 작용을 강화하는 시탈로프람, 에스시탈로프람, 설트랄린, 플루옥세틴이다. 또 아미트립틸린, 부프로피온, 그리고 노르아드레날린성 또는 도파민성 전달을 우선해서 늘리는 다른 약도 자주 사용된다.

우울증을 슬픔과 혼동해서는 안 된다. 슬픔과 달리, 우울증은 시간이 지난다고 또는 위로를 받는다고 해결되지 않고 슬픔 외에 다양한 증상을 동반한다. 우울증 증상에는 수면 장애, 무쾌감증(쾌감을 느끼지 못하는 것), 코르티코이드의 과다분비, 그리고 다양한 자율신경 또는 중추신경 장애가 두드러진다. 우울증은 보통 어느 정도의 불안(코르티코이드의 분비 증가가 관련이 있다)과 함께 오고, 적절히 치료하지 않으면 자살로 이어지기도 한다. 실제로 우울증은 자살의 가장 흔한 원인이다. 그래서 심각한 정신의학적 질병인 우울증은 심리 치료와 항우울제를 모두 이용해 치료해야 한다. 둘 중 어느 한쪽만으로 치료하는 것은 무책임한 일이다. 우울증은 잠재적으로 아주 위험한 질병이어서 이용 가능한 모든 수단을 치료에 동원해야 한다. 순전한 무지에서 나오는 아래와 같은 말들은 타당하지 않다.

"난 약 안 먹어."

"나는 정신과 의사나 심리학자를 좋아하지 않아."

"이건 정신병이니 상담으로 치료해야 해."

약과 상담을 병행해 정신병을 치료하되, 명확한 계획에

따른다.

우울증은 대개 우울증과 조증 또는 고양된 상태 사이를 오가는 뒤섞인 증상이나 질병의 일부로 나타난다. 즉, 양극성 장애(조울증)로 나타난다.

우울증은 남성보다 여성이 세 배 많고 십대와 노인에게 더 빈번히 찾아온다. 이 두 생애 시기에는 행동에, 그리고 우리가 세계와 맺는 관계에 전면적인 변화가 일어나 우리의 통제력을 벗어난다. 아이나 아주 젊은 사람의 경우에는 슬픔이 우울증의 두드러진 증상이 아닐 수도 있다. 따라서 치료 전문가는 세심해야 하고, 확진을 내리기 전 우울증의 다른 주요 증상을 자세히 살펴봐야 한다.

노인의 우울증은 초기 치매와 혼동되기도 하는데 이런 경우를 '가성 치매'라 한다. 일부 노인 우울증 환자는 '내 정신이(또는 뇌가) 망가지고 있다'고 느끼기 때문에 치매 초기 단계가 실제로 우울 상태와 관련이 있을 수도 있다. 우울증과 치매는 결과가 서로 매우 다르기 때문에 어렵기는 하지만 반드시 감별 진단해야 한다. 우울증은 치료에 성공할 수 있지만, 치매는 계속 진행될 뿐이다. 우울증과 치매의 결과는 환자와 그의 가족이 감정적으로나 경제적으로나 미래를 대비하기 위해 아주 다른 조치를 취할 것을 요구한다.

우울 장애의 나머지 요소는 치료하지 않고 내버려둔 채 기억상실 요소만 치료하면 역효과를 낳는다. 잊었다고 여긴 나쁜 기억이 갑작스레 다시 출현하면 우울증을 가진 사람은 자살 사건을 일으킬 수 있다. 우울증은 아주 심각한 질병이고 전반적으로 치료되어야 한다. 그렇게 해서 심리 치료와 항우울제를 병행해 치료가 자리를 잡으면 우울증의 나머지 요소와 함께 기억상실증도 사라질 것이다.

말했다시피 알츠하이머병이나 다른 치매를 앓는 일부 환자는 어느 날 *내 정신이 망가지고 있음*을 자각할 수도 있다. 그러면 알츠하이머병이나 다른 치매의 초기 단계에서 치료가 필요한 우울증으로 이어질 수 있다. 비록 환자가 멀쩡해 보이더라도 말이다. 하지만 이들의 정신 상태는 실제로는 정상이 아니고 대개 노쇠한 터라 치료가 쉽지 않다. 환자가 고의적으로 또는 부득이하게 약을 복용하는 걸 잊어서 문제를 악화시키기도 한다. 베티 데이비스(미국 배우)는 나이 먹는 건 유약한 사람에겐 맞지 않다고 말했다. 이미 제정신이 아닌데다

우울 장애의 나머지 요소는 치료하지
않고 내버려둔 채 기억상실 요소만
치료하면 역효과를 낳는다.

_____

우울증에 걸리면 훨씬 더 심각해지고, 그 환자의 친척이나
간병인도 마찬가지다.

　　마지막으로 머리에 극심한 외상을 입은 사람에게
심각하고도 완전한 기억상실증이 발생할 수 있다. 이는 해마를
비롯한 인접한 조직의 부종이 원인으로 관련 세포들이 여전히
부어올라 있는 동안에는 지속된다. 최근 기억 그리고 원격
기억과 관련이 있는 이 증상을 '일과성 완전 기억상실증'이라고
한다. 뇌의 수분 대사를 바꿀 수 있는 코르티코이드와 다른
약으로 치료해 완전히 회복할 수 있다. 오래된 기억(몇 년 전
기억)이 몇 개월 전 기억 앞에 다시 나타나고, 그러다가 지난
몇 주 동안 습득한 일화나 지식에 관한 기억이 되돌아온다.
하지만 외상을 입기 전 몇 분 또는 몇 시간에 대한 역행성
기억상실증은 대개 그대로 남는다.[10] 일과성 완전 기억상실증은
신체적 외상보다는 정신적 외상으로 발생할 수 있다. 그런 경우
눈에 띄는 뇌 부위 손상을 동반하지는 않고, 자기공명영상으로
보면 그저 해마의 관류가 줄어든 흔적이 나타난다.

196

망각 묘약의 실체

앞서 언급한 짐 맥고의 주요 발견 가운데 하나[23]는 우리가 기억을 완전한 형태로 곧바로 습득하는 게 아니라 그걸 굳히는 데 시간이 걸린다는 점이다. 이에 따라 그는 뇌가 기억을 습득한 후 응고화하는 과정이 있다고 추정했다. 이후 수많은 과학자들이 60년 넘도록 기억의 응고화를 연구했다.[31-33, 35]

처음에는 학습 후 세포 수준의 응고화가 몇 분 정도만 지속된다고 생각했다.[23] 따라서 거기에 영향을 미칠 수 있는 학습 후 처치(두부 외상, 마취, 전기 경련 충격 또는 다양한 뇌 억제제)는 그 몇 분 동안에만 작용할 수 있다고 여겨졌다. 학습 후 응고화에 걸리는 시간, 즉 역행성 기억상실증을 일으키는 처치를 포함해 응고화에 영향을 미치는 처치를 할 수 있는 시간이 몇 시간이라고 밝혀진 것은 훨씬 더 최근의 일이다.[31,32] 사고 현장에 도착해서 사고 당사자한테 "내가 여기에 어떻게 오게 되었는지 모르겠어요"라는 말을 듣는 경찰관은 역행성 기억상실증을 믿기 어려울 수 있다. 하지만 우리는 때로 전신 마취를 하고 수술을 받아야 하는데, 이때 역행성 기억상실증은 확실히 아주 요긴하다.

맥고와 이후 많은 다른 연구자들, 특히 래리 케이힐[33,34]
은 노르에피네프린 β-수용체 길항제인 프로프라놀롤이 역행성
기억상실증을 유도하는 약물이라는 사실을 밝혀냈다. 그와
유사한 많은 약물이 동일한 효과를 가졌다.

몇 년 후, 일부 사람들은 프로프라놀롤이 *나쁜* 기억을
지워준다고 생각하고서 괴로운 기억을 삭제할 목적으로 이
약물을 사용하자고 주장했다. 그러려면 외상 바로 직후에,
즉 기억 흔적이 편도체와 해마의 β-노르아드레날린성
시냅스에 의해 민감하게 조절되는 시기에 약물을 투여해야
한다.[35] 하지만 이는 실용적인 가치가 거의 없다. 왜냐하면
오로지 어떤 재앙에 대한 대비책으로 쓰려고 호주머니에
프로프라놀롤이나 다른 β-수용체 길항제를 가지고 다니는
사람은 거의 없기 때문이다. β-수용체 길항제를 약으로 써야
하는 특정한 심장 혈관 장애가 있는 사람만이 호주머니에 그런
약을 가지고 다닌다. 그리고 그들은 자신의 심장병에 대해
망각하고 싶지는 않을 테니, 심장병 전문의를 만나면 이에 대해
할 말이 있을 것이다.

호주머니에 '망각' 약을 가지고 다닌다는 건 있을
수 없는 일이다. 게다가 그런 약을 실제로 찾아낼 날은 더욱
요원하다. 의료 종사자가 아닌 사람들이 쓴 기사나 영화 속
말고는 이후 수십 년 동안 이런 일이 일어날 성 싶지는 않다.

병아리의 각인과
인간의 두 발 걷기

앞서 말한 대로 1893년 라몬 이 카할은 기억의 생물학적
기반은 시냅스의 구조적, 기능적 변화임에 틀림없다고
주장했다. 그의 시대에는 신경과학이 태어나지도 않았다.
하지만 그는 사실상 신경과학의 창시자 중 한 사람이다. 실제로
시냅스를 발견한 사람이 그였다. 라몬 이 카할은 신경과학의
뿌리인 현대적인 신경해부학을 확립했다.

일부 새에게 각인은 중요한 학습 방식이다. 이는 생애
초기의 정해진 시기에 아주 정확히 일어나는데, 근처를 지나는
움직이는 형상을 따르도록 학습하는 것이다. 대개 그 형상은

어미다. 병아리, 어린 거위, 또는 어린 오리는 물이나 먹이가
있는 곳 등 어딜 가든 어미를 따라 학습한다. 상파울루의 내
학생 중 하나는 거리에서 어린 오리 한 마리를 사 의과대학
수업에 가져왔다. 어린 오리는 바닥에 내려놓자마자 그
학생을 쫓아다녔고, 하루 종일 그 학생이 가는 곳이면 어디든
따라다녔다. 각인 시기였던 것인데, 그 학생은 알지 못했다.

안나 카타리나 브라운(Anna Katarina Braun)과 독일 공동
연구자들은 포유류의 연합 피질에 해당하는 뇌의 영역에서
수상돌기 가지를 쳐내는 것이 집에서 키우는 병아리의 부모
각인에 필수적이라는 사실을 발견했다. 그리고 나중에 이
과정의 생화학적 기반이 상세히 밝혀졌다.[70]

각인은 며칠 동안 지속되는 학습으로, 뉴런 가지가
성장하기보다는 억제되면서 이루어진다. 앞서 이야기한 대로
뉴런의 죽음(세포 자멸)으로 이루어지는 이와 비슷한 과정이
인간에게도 존재한다. 인간이 10~14개월 시기에 사용하는
네발짐승의 뇌 모형이 그 이후 사용할 두발짐승의 모형으로
전환될 때 이 과정이 기저를 이룬다.

또 다른 중요한 형태의 학습이 노래하는 새들에게

일어나는데, 이는 새로운 신경세포의 발생 때문이다. 암컷의 마음을 끌기 위해 노래하는 계절에 성인 카나리아와 다른 새의 측뇌실 벽에서 새로운 뉴런이 대량 생성된다. 이들 뉴런은 노래 부르는 행동을 조절하는 적당한 세포핵으로 이동해서 노래하는 계절이 끝날 때까지 지속된다. 그런 다음에는 세포 자멸을 겪고 다음해에 다시 노래하는 시기가 오기까지는 새로 대체되지 않는다.

1981년 페르난도 노테봄[59]이 이런 놀라운 사실을 발견하면서 그때까지 일반적이던 생각을 하룻밤 사이에 바꾸어놓았다. 당시만 해도 모든 동물은 필요한 뉴런을 모두 가지고 태어난다고, 다시 말해 뉴런은 다시 만들어지지 않고 따라서 성인의 신경 발생은 존재하지 않는다고 생각했다. 노테봄은 성인의 신경 발생을 발견했으며, 그의 연구는 노래하는 새의 계절에 따른 특징뿐 아니라 전반적인 신경 발생을 이해하는 데 도움을 줬다.

메릴랜드 주 베서스다의 프레드 게이지(Fred Gage)와 헨리에테 판 프라흐(Henriette van Praag)는 최근 연구에서 신체 운동이 늙은 쥐의 해마에서 신경 발생을 일으키는 강력한 자극이 될 수 있음을 보여줬다.[71] 인간과 쥐의 뇌가 유전학적으로 그리고 신경해부학적으로 유사하고 뇌 기능을 잘 유지하기 위해 신체 운동을 하는 노인이 늘어나고 있음을 볼 때, 이 결과는 커다란 가능성을 지닌 의학적 관심사다.

신체 운동이 더 나은 노화와 수명 증가를 약속한다는 생각은 수영이나 걷기나 달리기를 하는 사람이 높은 연령까지 건강을 유지한다는 몇 년 전의 우연한 발견에서 비롯됐다. 이것은 심장 기능과 온몸의 혈액 순환이 강화된 덕분이었고, 또 뇌의 신경 발생에 따른 것이었을 수도 있다.

브라운과 노테봄의 연구 결과는 뇌가 뉴런의 가지를 잘라 내거나 스스로 죽음을 선택하는 비교적 거친 방식뿐 아니라 새로운 뉴런을 대량 생성하는 방식으로 아주 정교한 학습과 망각의 기술을 행한다는 점을 보여주었다.

이런 과정이 생명의 본질적인 측면을 좌우한다. 새가 새끼일 때 누구를 따라야 하고, 다 커서는 언제 그리고 누구를 위해 노래해야 하는지, 또 우리 인간이 언제 엎드려 기고 언제 걸어 다녀야 하는지 등.

새로운 기억의 습득

기억의 응고화가 시냅스의 변화에 의존하지만 변경된 시냅스가
기억으로 이어지는 경험의 감각적 측면에 의해 곧바로
활성화되지 않으면, 인식은 경험에 의해 바뀌지 않는다. 우리는
학습 경험 이전과 이후에 동일한 것을 보거나 듣지만,
그 경험에 대한 우리의 기억이 그 의미를 바꾼다. 그렇게
의미부여된 것을 우리는 기억이라고 한다.

많은 경험은 눈, 귀, 혀, 코, 손가락 같은 감각 기관을
필요로 한다. 하지만 기억은 감각 기관에서 형성되지 않고, 감각
기관이 뇌와 소통하는 뉴런의 연장부에서도 형성될 수 없다.
뉴런의 연장부는 시냅스를 갖지 않기 때문이다.

기억은 외부의 감각 경로와 시냅스로 연결된 뇌에서
습득되는 것임에 틀림없다. 그렇지 않으면 우리의 인식이
달라질 것이다. 모든 감각 경로가 곁가지(collateral branch)를
내고, 이것이 널리 퍼진 뉴런망을 가진 시냅스를 형성한다. 이
뉴런망이 중뇌의 등 부분까지 뻗어 있어 중뇌망상체라고 한다.
망상체는 모든 대뇌피질에 단단히 방사되어 각성을 조절한다.

청각 경로에서 나오는 곁가지에 의해 활성화된
중뇌망상체가 알람시계 소리를 감지해 피질로 전달하기 때문에,
우리는 아침에 깨어난다. 중뇌망상체가 처리하는 많은 감각
정보가 모든 감각 양식에 반응하는 통합적인 뇌의 영역에
투사되고, 그래서 기억 같은 상호작용 기능에 도움을 준다.

이 통합적인 영역 가운데 가장 잘 알려진 것은 해마,
편도체, 내후각피질, 그리고 전전두엽피질과 후두엽피질과
후두정엽피질의 일부다.(43쪽 그림1 참조) 이들 영역은 감각
경로와 감각 경험에 의해 부수적으로 활성화되고, 학습과 기억
형성 과정에 관여한다.

하지만 기억은 (골격근의 수축과 이완, 창자 수축, 통찰
또는 기존 기억의 결합에 대한) 내부 수용성 정보로 구성되기도
한다. 이들 내부 원천의 학습은 대부분 근육의 수축과 이완
또는 위장 산도(酸度)의 많고 작은 변화와 같이 무의식적으로
이루어진다. 또 걷기, 쓰기, 노래하기, 또는 악기 연주하기처럼
중요한 운동 요소를 가진 기억이 있다. 온갖 다양한 이들 기억
요소를 책임지는 뇌 영역은 비교적 잘 알려져 있다. 기억으로
이어지는 통찰 그리고 (통찰에 속하는 것일 수 있지만 결국은)

종교적이거나 윤리적인 감정은 예외다.

영상 연구, 특히 사람들이 기계론적인 희망을 갖는 기능적자기공명영상(fMRI)은 크게 도움이 되지 않는다. fMRI가 제공하는 뇌 혈류에 관한 정보 외에는 말이다. 그것은 짐작컨대 뇌의 어떤 영역이 기억 처리에 의해 활성화되는지를 말해줄 뿐이고, 세포/분자 수준에서의 과정이나 학습과 기억 과정 또는 다른 것에 관여하는 뉴런의 활성화에 대해서는 충분한 정보를 알려주지 않는다.

기억을 습득하고 응고화할 때, 여기에 관여하는 영역이 최소한이지만 충분한 경계 태세 또는 각성 상태에 있음은 틀림없다. 잠자는 뇌는 자극, 특히 학습된 자극을 감지할 수 있다. 폭격이 쏟아져도 깨지 않고 잠을 자지만 폭격 와중에도 갓난아기의 우는 소리를 감지하고 잠을 깨는 엄마의 사례가 많다. 지난 60년 동안 잠잘 때 일어나는 실제적인 학습의 증거를 많이 연구했으나 여전히 부족하다.

앞서 분석한 대로 인간을 비롯해 아마도 모든 포유동물에게 기억의 습득, 응고화, 인출은 항상 심각하거나 사소한, 약하거나 강한, 행복하거나 슬픈, 강렬하거나 희미한,

지속적이거나 순식간인 감정 상태에서 일어난다. 인간 중 사이코패스만이 유일하게 감정을 경험하지 않는다. 이것이 사이코패스가 그토록 극악무도한 행위를 저지를 수 있는 이유다. 하지만 그들조차 완전히 냉혈한은 아니라는 증거가 많다. 그들은 근본적으로 대단한 사기꾼이어서 감정을 아주 잘 속일 수 있다.

앞서 살펴본 대로 세포 수준의 응고화가 정서적 각성 상태에서 일어나면, 기억은 더 정확하고 더 많은 정보를 가지며 더 오래 지속된다. 이것은 두 가지 활성화, 즉 정서적 각성의 주요 '감지기'인 기저외측 편도체의 활성화, 그리고 해마와 편도체의 단백질 합성을 간접적으로 조절하는 효소를 자극하는 뇌의 노르아드레날린성 체계와 도파민성 체계의 활성화 때문에 가능하다.[31,32]

기억을 형성하는 뇌세포에서 활성화되는 생화학적 경로는 많고, 이들은 비교적 복잡한 방식으로 서로 밀접하게 연관된다. 다양한 정도로 상호작용하는 50가지 이상의 효소 체계가 있다.[25] 이들 체계 사이의 상호작용은 기억 형성의 기저를 이루는 해마와 다른 뇌 영역에서 두 가지 생리학적 과정을 발생시킨다. 응고화 과정에 관여하는 글루타메이트성 시냅스의 장기 강화(LTP)와 장기 저하(LTD)가 그것이다.(43쪽 그림1, 83쪽 그림4 참조) 습득에 뒤이어 형성되는(즉 세포 수준에서 기억이 응고화될 때의) 생화학적 변화, 특히 해마와 기저외측 편도핵에서의 생화학적 변화[31],[32]는 LTP가 진행되는 동안에, 경우에 따라서는 LTD가 진행되는 동안에 관찰된다.[31]

LTP와 LTD, 그리고 기억의 응고화와 복잡한 상호작용에 관여하는[32] 생화학적 경로의 수는 아주 많아서 기억을 습득하고 응고화하는 세포를 찾아내는 일이란 지극히 어렵다. 그래서 당연하게도, 이 분야를 연구하는 사람 가운데 특정 기억의 '생화학적 지도, 세포 수준의 지도'를 정확히 밝히고 싶어 하는 사람은 아무도 없다. 이런 복잡성의 주요 원천은 다양한 기억과 관련된 세포 간 그리고 세포 내 경로가 서로 상호작용한다는 사실에 있다.

우리는 어떤 사람, 사물, 또는 상황에 대한 것을 몇 번이나 학습 또는 인출해서, 그것을 다른 사람, 사물, 또는 상황에 대한 정보와 떼려야 뗄 수 없이 결합하는 걸까? 누군가의 얼굴이 본의 아니게, 그리고 무의식적으로 다른

누군가의 얼굴을 떠올리게 한다. 단 하나의 고립된 기억의
세포 내 또는 세포 간 경로를 찾는 것은 솔직히 불가능하다.
게다가 그 생화학적 지도 또는 뉴런 지도는 너무 어려워서 극히
일부밖에 알 수 없지만, 기억과 기억 유형은 아주 잘 이해할 수
있다. 우리가 어떤 글이나 구술된 말에서 다른 나머지의 의미를
이해하려면 단어들 가운데 일정 부분만 알면 된다(뇌가 어떻게
아직 읽지 않은 글자나 단어를 정확히 추측하는지는 앞의 내용을
참조하라).

　　어떤 기억의 완전한 분자 지도를 밝히는 것은
노트르담대성당이나 다른 교회 벽 속의 정확한 나트륨 양이나
바퀴벌레 다리 양을 알아내는 것만큼이나 현학적이다. 하지만
그것은 우리에게 그 건축물의 역사, 아름다움, 또는 의미처럼
중요한 정보는 아무것도 말해주지 않는다.[25]

억압

억압은 의식 안으로 어떤 기억을 들여보내지 않기 위해 그

어떤 기억의 완전한 분자 지도를 밝히는
것은 노트르담대성당이나 다른 교회 벽 속의
정확한 나트륨 양이나 바퀴벌레 다리 양을
알아내는 것만큼이나 현학적이다.

————

표출을 억제하는 기제를 설명하려고 지그문트 프로이트가
만든 말이다. 뇌는 보통 정상적인 삶을 위해 고통스럽거나
무시무시하거나 아니면 유쾌하지 못하거나 원치 않는 기억을
말소한다.

　　억압은 자발적이거나 비자발적일 수 있다.[72] 두
경우 모두에서 억압은 주요한 생리학적 기능을 갖는다.
여성이 출산하며 겪은 고통스런 기억을 억압하지 않는다면,
둘째아이를 갖는 여성의 수는 아주 적을 것이다. 치과에서
경험한 고통과 불편한 기억을 억압하지 않는다면, 치아
질환으로 사망하는 환자가 늘어날 것이다. 추운 겨울 아침에
일어남으로써 발생하는 문제를 억압하지 않는다면, 우리는
학교를 마치지 못하고 글을 읽고 쓸 줄 몰라 점점 지식을
귀중히 여기는 세상에서 결국 비관에 빠지게 될 것이다.

　　　오랫동안 억압은 정신분석학의 가설로만 *설명되었고*
신경과학자에게는 여전히 이해할 수 없는 것이었다. 또 다수의
정신과 의사와 심리학자는 자발적 억압의 존재를 부인하곤
했다. 우리 모두 자발적 억압 기제가 성공적으로 작동하는
걸 경험하는데도 말이다. 우리는 가끔 혐오하는 사람이나

장소의 이름은커녕 그에 관한 가장 사소한 기억마저 지워버릴 수 있다. 신경생리학 위주의 최근 연구가 이제 자발적 억압이 규정 가능한 뇌 체계의 작동 결과임을 보여주는 확실한 증거를 내놓았다.

fMRI를 이용한 세 건의 관찰이 다양한 무리의 뉴런이 기억의 자발적 억압에 관여한다는 사실을 보여준다.

2004년 마이클 앤더슨(Michael Anderson)과 존 가브리엘리(John Gabrieli)를 비롯한 공동 연구자들은 실험 대상자에게 단어 쌍을 알려준 다음, 각 쌍의 어느 한 단어에 노출될 때 그 쌍의 다른 단어에 대한 기억을 억압하게 했다.[72] 그 결과 억압이 배외측 전전두엽피질에서 혈류를 증가시킨다는 사실을 밝혀냈다. 이는 이 영역이 활성화되었음을 의미했고, 해마에서의 혈류 감소는 억압 동안에 이 조직이 억제되었음을 의미했다. 이는 전외측 전전두엽피질 그리고 해마의 억제에 의해 조절되는 활발한 억압 과정이 있음을 암시했다. 앤더슨과 공동 연구자들의 자료는 동일한 과정이 무의식적인 억압을 담당할 수 있음을 말해준다.

좀 더 최근에 롤랑 브누아(Roland G. Benoit)와 마이클 앤더슨은 비슷한 방법으로 자발적 억압 기제를 추가로 찾아냈다. 이 기제에 의해 전전두엽피질의 두 가지 뇌 조직이 원치 않는 기억을 다른 것으로 대체하도록 유도하려고 상호작용한다.[73]

세 번째 그룹[74] 역시 fMRI 기법을 이용해서, 전두엽피질의 두 가지 뇌 조직이 앞서 이야기한 두 기제와는 독립적으로 자발적 억압에서 기능한다는 사실을 밝혀냈다.

그래서 이제 fMRI 측정에 근거해 자발적 억압 과정을 신경과학으로 구체적으로 설명할 수 있게 됐다. 다양한 내용이 담긴 기억의 억압에는 역시 다양한 뇌 영역이 관여한다. 여러 증거가 몇 가지 뇌 영역이 자발적 억압에 관여한다는 사실을 보여준다.

유감스럽게도 비자발적, 즉 무의식적 억압은 과학적 탐구로는 분명한 이유를 찾을 수가 없다. 그래서 자발적 억압과 거의 동일한 기제를 따를 수 있다는 가능성을 받아들이지 않는 한, 예전의 대부분 정신분석학 가설과 마찬가지로 무의식적 억압은 검증 불가능한 생각으로 남을 것이다. 정신분석학은 현대 신경과학보다 몇 년 앞선다. 일반적으로 정신분석학의 가설은 신경과학이 출현하고 1세기 이상이 지난 현재 우리가 뇌 기능에 대해 알고 있는 것과 설사 어떤 관계가 있다손 치더라도 거의 무관하다.

치료에 이용되는 망각의 기술

공포 기억은 대개 정신적 외상을 남긴다. 그래서 상상할 수 있는 가장 원치 않는 기억에 속한다. 하지만 공포 기억은 생존에 중요하다. 다음에 동물원에 가서 손가락을 우리 안으로 넣으면 호랑이에게 물린다는 사실을 기억하는 것, 초록불일 때 횡단보도로 건너지 않으면 버스에 치일 수 있다는 사실을 아는 것은 지극히 중요하다.

그러나 맥락과 상관없이 시시때때로 공포 기억을 인출하는 것은 분명 바람직하지 않다. 예를 들어 잠을 자거나 성교를 하거나 책을 읽으려는 참에 9.11 상황이나 성난 호랑이 모습을 떠올리는 것은 바람직하지 않다. 필요한 때, 즉 무서운 상황에서 도망칠지 싸워 물리칠지 전략을 떠올리는 게 중요한 때에 공포 기억을 떠올리는 것은 아주 바람직하다. 사실 이것이 그렇게 끈질기고 오래 공포 기억이 지속되는 생물학적인 이유다. 그래서 적절한 때에 써먹으려고 공포 기억을 유지하는 것과, 맥락과 상관없이 부적절한 순간에 공포 기억을 인출하는 것은 완전히 별개다.

정신적 외상을 남기는 공포 기억이 초래하는 가장 원치 않는 장애는 외상 후 스트레스 장애다. 이때 특정한 사건이나 일련의 사건(살인 협박, 고문, 성폭행, 중상, 극도의 위험)은 삭제할 수 없게 되고, 그것을 겪은 사람은 그 후 여러 달 동안 원치 않는 때에 되풀이되는 *나쁜* 기억의 회상, 회피, 극도의 불안을 경험한다. 외상 후 스트레스 장애는 여성에게 좀 더 흔하고, 참전용사에게 무척 흔하며, 어린 아이에게는 흔치 않다. 외상 후 스트레스 장애는 정상적인 생활을 불가능하게 만들거나 적어도 극도로 어렵게 만든다. 이것은 공황, 공포증과 나란히 불안장애 범주에 속하는데, 그 가운데 단연코 최악이다.

외상 후 스트레스 장애는 기억의 소거로 어김없이 치료된다. 치료 전문가는 소거 과정에서 정신적 외상을 일으킨 원인과 비슷한 자극에 환자를 반복적으로 노출시킨다. 이 과정을 노출 치료라고 하는데 문제점이 없지 않다. 어떤 환자는 정신적 외상을 일으킨 자극의 불완전하고 인위적인 형태(예를 들어 실제 자극 대신 그림이나 이야기)에 노출되는 것마저 참지 못하기 때문이다. 하지만 훈련받은 치료 전문가가 분별력 있게 실행하면 소거는 이용 가능한 최선의 방법이며, 실제 치료할 수 있는 유일한 방법이다.

소거 치료는 실은 1920년대에 프로이트가 습관화라는 이름으로 공포증의 치료에 도입한 것인데, 이는 앞서 이야기한 습관화와는 다른 것을 가리킨다. 당시 프로이트는 파블로프를 그리 좋아하지 않았다.

최근 노출 치료에 소거와 더불어 쓸 수 있는 두 가지 다른 방법이 제시되었다. 하나는 공포의 기억을 소거하는 기간 중 어느 순간에 새로운 자극 또는 뜻밖의 자극을 제시하는 방법이다. 이 방법은 해마의 LTP 또는 LTD로 새로운 기억과 소거되는 기억을 처리하는 데 모두 관여하는 기제에 의해 쥐 실험에서 소거를 상당히 가속하는 것으로 밝혀졌다.[74] 쥐 실험에서 소거를 가속하는 것으로 밝혀진 다른 방법은 소거 동안 미주 신경을 자극하는 것이다. 비교적 간단한 이 요법은

우울증과 다른 정신장애에 사용하도록 미국식품의약국의
승인을 받았다.[75]

보조기억장치

우리는 모두 휴대전화, 태블릿, 그리고 컴퓨터 외장하드 같은
외부 보조기억장치를 사용한다.

　　보조기억장치에는 책, 도서관, 손이나 전자적인
방법으로 쓰는 온갖 수첩, 태블릿, 전화에 더해 우리를
아는 사람 또는 우리가 모르는 것을 말해줄 수 있는 사람이
포함된다. 이들 *주변 장치*가 일상생활에서 우리를 많이
도와주기 때문에 오늘날 그것 없는 생활은 상상도 할 수 없다.

　　하지만 주변 장치를 이용하는 데 익숙한 만큼, 이들을
밀쳐놓으면 뇌에 휴식을 줄 수 있다. 대개 이런 휴식이 아주
많이 필요하다. 우리는 이들 보조 정보원과 *접속을 끊어야*
한다. 우리를 둘러싼 세계를 벗어나 가상 세계에 살 생각이
아니라면 말이다. 분명한 예는 운전 중에는 휴대전화를

컴퓨터, 태블릿, 휴대전화 바깥에
많은 삶이 있다. 사실 삶의 대부분은
그 바깥에 있다.

————

사용하지 않는 것이다. 또 다른 예는 강의를 듣거나 여자 친구나 남자 친구 또는 1년 동안 보지 못했던 아들과 함께 외출할 때는 태블릿이나 노트북을 사용하지 않는 것이다.

어떤 사람은 보조기억장치가 현대인의 인지능력에 해를 끼친다고 비난한다. 하지만 보조기억장치는 우리의 뇌 기억 체계에, 특히 작업 기억, 그리고 의미 기억과 원격 기억의 인출에 관여하는 기억 체계에 휴식을 제공한다. 분주하고 그다지 신뢰할 수 없는 두뇌에 의지하기보다 손이나 전자적으로 쓰는 수첩에서 전화번호 또는 이런저런 영화의 감독이나 주연배우 이름을 찾는 것이 훨씬 더 안전하다.

물론 컴퓨터 장치는 절차 기억에는 소용이 없다. 우리는 자전거 타는 법을 알려고 휴대전화나 태블릿을 사용하지는 않는다. 탈 것이 비행기나 로켓같이 자전거보다 더 복잡하면, 분명 컴퓨터 장치가 필요하다.

라디오 수신기와 비슷한 최초 형태인 광석 라디오는 오래가지 않았다. 컴퓨터 장치는 확실히 훨씬 더 오래갈 것이다. 카할이 이웃의 광석 라디오를 불평한 것처럼 컴퓨터 장치를 불평하기보다는 그 사용법을 학습하는 게 훨씬 더 현명하다.

물론 운전을 하거나 강의를 듣거나 중요한 다른 사람과
이야기를 나누는 동안 스릴러물을 읽거나 국가를 부르는 것을
피하듯이 컴퓨터 장치를 사용하는 일을 피해야 한다. 컴퓨터,
태블릿, 휴대전화 바깥에 많은 삶이 있다. 사실 삶의 대부분은
그 바깥에 있다.

기억하려면 망각해야 한다

앞에서 망각의 기술의 몇 가지 측면과 형태에 대해 이야기했다.

1. 작업 기억이 처리한 항목을 빠르게 잊는 것은 작업
기억의 기능에 속한다.

2. 기억의 변조는 흔히 뇌의 방어 기제로 이용된다.

3. 자발적 억압이 뇌의 기제로 존재한다.

4. 소거, 습관화, 차별화 또는 변별은 쓸모없거나
바람직하지 않은 반응을 선택적으로 무효화하는 기술에
의존하는 학습 형태다. 이것은 공포나 아니면 공포증, 공황,
범불안, 그리고 외상 후 스트레스 장애 같은 유쾌하지 못한

기억으로 곤란을 겪는 사람이나 동물에게 치료적 가치를 지닐
수 있다.

　　5. 상태 의존은 뇌가 처음 학습했을 때의 신경 호르몬
상태에 다시 놓일 때만 반응하도록 권한을 유보하는 것이다.
상태 의존은 망각의 기술이기보다는 기억에 저항하는
기술이다. 이것은 공포, 갈증, 성교, 배고픔 같은 삶의 중요한
순간에 요구되는 반응에 적합한 뇌 상태를 유발하는 데 도움이
된다.

　　인간과 동물의 삶에서 망각은 아주 중요하다. 그래서 이
분야의 뛰어난 연구자인 제임스 맥고는 "망각이 기억의 가장
두드러진 양상"이라고 말했다.[76] 의식적이든 아니든 망각의
기술 때문에 기억은 실질적이고 완전한 기억보다는 파편적이고
소거되거나 반쯤 소거된 기억으로 이루어진다.

　　하지만 가브리엘 가르시아 마르케스, 보르헤스, 베르디
등 아주 운 좋은 사람들은 망각의 기술과 더불어 상상의
기술을 적절히 사용해 걸작을 낳았다. 가르시아 마르케스는
몇 년 전에 앞서 이야기한 이상한 자서전을 썼을 때 이미

알츠하이머병 초기였음이 나중에 밝혀졌다.

대부분 사람이 '망각'이라고 부르는 것이 많은 경우 실은 기억 인출이 억제된 것일 뿐이고 기억 흔적이 지워진 게 아니라는 점을 이 책에서 분명히 하고 싶다. 일부 사람들이 "뇌는 망각할 수 없고 뇌에 들어오는 모든 것은 그 안에 머문다"는 정신분석학의 주장에 오류가 있다고 보는 근저에는 이런 사실(사람들이 흔히 망각이라고 말하는 것은 기억 인출이 억제된 것일 가능성이 높지만 대개는 기억 흔적이 지워진 진짜 망각이라고 생각한다는 사실—옮긴이)이 자리 잡고 있다.

뇌 속에서는 단백질과 뉴런의 많은 교체가 이루어지는데, 그것이 지울 수 없는 물질로 구성되어 있지는 않다. 각 뉴런은 하루에도 여러 차례 구성 물질을 바꾼다. 뇌에 들어오는 매우 많은 정보가 그 안에 그대로 머물지 않는다. 삭제되어 다른 정보로 대체되거나 또는 대체되지 않을 수도 있다. 우리가 어제 또는 지난 달 또는 열두 살 때 습득한 대부분 정보는 영원히 사라진다. 그중 일부는 응고화 단계를 형성하지조차 않았고, 나머지 상실된 정보는 실질적이고 확실하게 지워진다. 우리 뇌 안에서 형성되어 유지되던 기억은

습관화, 소거, 차별화, 또는 억압 과정의 작동에 따라 인출될
수도 있고 인출되지 않을 수도 있다. 그리고 그중 일부는
변조된 것일 수도 있다.

우리가 망각하기를 선택하는 것은
기억하는 것만큼이나 우리 자신이
누구인지 말해준다.

————————

나가는 말

이 책의 주된 목표는 다음을 보여주는 것이다.

　　1. 기억을 상실하는 것은 새로운 기억을 저장하기 위한 공간을 만들고 더 이상 쓸모없거나 원치 않는 정보를 제거하려는 목적에 도움이 된다.

　　2. 대부분의 기억은 일상생활을 하는 동안 우리가 모르는 사이 실질적으로 상실된다.

　　3. 일반적으로 '망각'이라고 불리는 기억 제거 방법이 있다. 하지만 이는 사실 소거, 습관화, 변별 학습 등으로 반응을 억제하는 것일 뿐이다. 결국 이들 과정은 그 기억을 저장하거나 인출하는 시냅스의 장기적인 폐기로 이어질 수 있고, 그것이 이따금 기억의 위축과 진짜 망각으로 이어질 수 있다.

　　4. 덧붙여 나는 노르베르토 보비오가 "우리가 기억하는 것이 바로 우리 자신이다"라고 한 말은 틀림없이 옳지만, 여기에 "우리가 망각하기를 선택하는 것이 바로 우리 자신이다"라는

말을 추가하고 싶다. 우리가 망각하기를 선택하는 것은
기억하는 것만큼이나 우리 자신이 누구인지 말해준다. 기억을
형성하는 것과 마찬가지로, 기억을 상실하는 것은 우리의
의지와 뇌 사이의 복잡한 상호작용이 뒤따른다. 우리의 의지와
뇌는 대개 일치하지만 항상 그렇지는 않다.

참고문헌

1장

1. Borges JL. Ficciones. Buenos Aires: Emecé; 1944.

2. Harlow H, McGaugh JL, Thompson RF. Psychology. San Francisco: Albion; 1971.

3. LePort AK, Mattfeld AT, Dickinson-Anson H, Fallon JH, Stark CE, Kruggel F, Cahill L, McGaugh JL. Behavioral and neuroanatomical investigation of highly superior autobiographical memory(HSAM). Neurobiol Learn Mem. 2012;98:78-92.

4. Patihis L, Frenda SJ, LePort AK, Petersen N, Nichols RM, Stark CE, McGaugh JL, Loftus EF. False memories in highly superior autobiographical memory individuals. Proc Natl Acad Sci U.S.A. 2013;110:20947-52.

5. Beneditti M. El olvido está lleno de memoria. Montevideo: Cal y Canto; 1995.

6. Buñuel L. Mi último suspiro. Barcelona: Plaza y Janés; 1994.

7. Spiller G. The mind of man: A text-book of psychology. London: S. Sonnenschein; 1902.

8. Izquierdo I. Qué es la Memoria?(trans., What is memory?). Buenos Aires: Fondo de Cultura Económica; 1992. 92 pp.

2장

9. Izquierdo I. Memória. Porto Alegre: Artmed; 2011.

10. Squire LR. Memory and brain. London: Oxford University Press; 1983.

11. Ramón y Cajal S. Meue Darstellung vom histologischen Bau des Zentralnervös System. Arch Anat Physiol(Anatomy). 1893;419-72.

12. Greenough WY. Morphological and molecular studies of synaptic memory mechanisms. In: Gold PE, Greenough WT, editors. Memory consolidation-essays in honor of James L. McGaugh-a time to remember. Washington: American Psychological Association; 2001. p. 59-77.

13. Geinisman Y. Structural synaptic modifications associated with hippocampal LTP and behavioral learning. Cereb Cortex. 2000;10:952-62.

14. Borges JL. Ficciones. Buenos Aires: Emecé; 1944.

15. Pavlov IP. Lectures on conditioned reflexes. Oxford: Oxford University Press; 1927.

16. Myskiw JC, Izquierdo I, Furini CRG. The modulation of fear extinction. Brain Res Bull. 2014;105:61-9.

17. McGaugh JL. Memory-a century of consolidation. Science. 2000;287:248-51.

3장

18. Sutton MA, Carew TJ. Behavioral, cellular, and molecular analysis of memory in Aplysia. I: intermediate-term memory. Integr Comp Biol. 2002;42:725-35.

19. Goldman-Rakic P. Architecture of the prefrontal cortex and the central executive. Proc Natl Acad Sci USA. 1995;769:71-83.

20. Fuster JM. Cortex and mind. Unifying cognition. New York: Oxford University Press; 2003.

21. Weinberger DR, Harrison P. Schizophrenia. 3rd ed. Hoboken: Wiley; 2011.

22. LeDoux JE. Coming to terms with fear. Proc Natl Acad Sci USA. 2014;111:2871-8.

23. McGaugh JL. Time-dependent processes in memory storage. Science. 1966;153:1351-8.

24. McClelland JL, McNaughton BL, O'Reilly RC. Why there are complementary learning systems in the hippocampus and neocortex: insights from the successes and failures of connectionist models of learning and memory. Psychol Rev. 1995;102:419-57.

25. McGaugh JL. Making lasting memories: remembering the significant. Proc Natl Acad Sci USA. 2013;110:10402-7.

26. Myskiw JC, Rossato JI, Bevilaqua LR, Medina JH, Izquierdo I, Cammarota M. On the participation of mTOR in recognition memory. Neurobiol Learn Mem. 2008;89:338-51.

27. Izquierdo LA, Barros DM, Vianna MRM, Coitinho A, de David e Silva T, Choi H, Moletta B, Medina JH, Izquierdo I. Molecular pharmacological dissection of short- and long-term memory. Cell Mol Neurobiol. 2002;22:269-87.

28. Izquierdo I, Barros DM, Mello e Souza T, Souza MM, Izquierdo LA, Medina JH. Mechanisms for memory types differ. Nature. 1998;393:635-6.

29. Izquierdo I, Medina JM, Vianna MRM, Izquierdo LA, Barros DM. Separate mechanisms for short- and long-term memory. Behav Brain Res. 1999;103:1-11.

30. Emptage NJ, Carew TJ. Long-term synaptic facilitation in the absence of short-term facilitation in Aplyisa neurons. Science. 1993;262:253-6.

31. Izquierdo I, Bevilaqua LRM, Rossato JI, Bonini JS, Medina JH, Cammarota M. Different molecular cascades in different sites of the brain control consolidation. Trends Neurosci. 2006;29:496-505.

_____

4장

32. Izquierdo I, Medina JH. Memory formation: the sequence of biochemical events in the hippocampus and its connection to activity in other brain structures.

Neurobiol Learn Mem. 1997;68:285-316.

33. Cahill LF, McGaugh JL. Mechanisms of emotional arousal and lasting declarative memory. Trends Neurosci. 1998;21:294-9.

34. Roozendaal B, McGaugh JL. Memory modulation. Behav Neurosci. 2011;125:797-824.

35. De Quervain DJ. Glucocorticoid-induced inhibition of memory retrieval: implications for posttraumatic stress disorder. Ann NY Acad Sci. 2006;1071:216-20.

36. Barros DM, Mello e Souza T, De David T, Choi H, Aguzzoli A, Madche C, Ardenghi P, Medina JH, Izquierdo I. Simultaneous modulation of retrieval by dopaminergic D1, β-noradrenergic, serotoninergic 1A and cholinergic muscarinic receptors in cortical structures of the rat. Behav Brain Res. 2001;124:1-7.

37. Overton DA. Basic mechanisms of state-dependent learning. Psychopharmacol Bull. 1978;14:67-8.

38. Stevenson RL. The strange case of Dr. Jekyll and Mr. Hyde. London: Longmans & Green; 1886.

39. Zornetzer SF. Neurotransmitter modulation and memory: a new neuropharmacological phrenology? In: Lipton MA, DiMascio A, Killam KF, editors. Psychopharmacology: a generation of progress. New York: Raven;1978.

40. Izquierdo I. Endogenous state dependency: memory depends on the relation between the neurohumoral and hormonal states present after training and at the time of testing. In: Lynch G, McGaugh JL, Weinberger NM, editors. Neurobiology of learning and memory. New York: Guilford Press; 1984. p. 333-50.

41. Colpaert FC. State dependency as a mechanism of central nervous system drug action. NIDA Res Monogr. 1991;116:245-66.

42. Eccles JC. The physiology of synapses. Berlin: Springer; 1964.

43. Kuan CY, Roth KA, Flavell RA, Rakic P. Mechanisms of programmed cell death in the developing brain. Trends Neurosci. 2000;23:291.

44. Izquierdo I, Bevilaqua LR, Rossato JI, Lima RH, Medina JH, Cammarota M.

Age-dependent and age-independent human memory persistence is enhanced by delayed posttraining methylphenidate administration. Proc Natl Acad Sci USA. 2008;105:19504-7.

45. Parfitt GM, Barbosa AK, Campos RC, Koth AP, Barros DM. Moderate stress enhances memory persistence: are adrenergic mechanisms involved? Behav Neurosci. 2012;126:729-34.

46. Nader K, Schafe GE, LeDoux JE. Fear memories require protein synthesis in the amygdala for reconsolidation after retrieval. Nature. 2000;406:722-6.

47. Sara SJ. Strengthening the shaky trace through retrieval. Nat Rev Neurosci. 2000;1:212-3.

48. Milekic MH, Alberini CM. Temporally graded requirement for protein synthesis following memory reactivation. Neuron. 2002;36:521-5.

49. Carbó Tano M, Molina VA, Maldonado H, Pedreira ME. Memory consolidation and reconsolidation in an invertebrate model: the role of the GABAergic system. Neuroscience. 2009;158:387-401.

50. Forcato C, Rodríguez ML, Pedreira ME, Maldonado H. Reconsolidation in humans opens up declarative memory to the entrance of new information. Neurobiol Learn Mem. 2010;93:77-84.

51. Schiller D, Monfils MH, Raio CM, Johnson DC, LeDoux JE, Phelps EA. Preventing the return of fear in humans using reconsolidation update mechanisms. Nature. 2010;463:49-53.

52. Schiller D, Kanen JW, LeDoux JE, Monfils MH, Phelps EA. Extinction during reconsolidation of treat memory diminishes prefrontal cortex involvement. Proc Natl Acad Sci USA. 2013;110:20040-5.

5장

53. Patihis L, Frenda SJ, LePort AK, Petersen N, Nichols RM, Stark CE, McGaugh JL, Loftus EF. False memories in highly superior autobiographical memory individuals. Proc Natl Acad Sci USA. 2013;110:20947-52.

54. LePort AK, Mattfeld AT, Dickinson-Anson H, Fallon JH, Stark CE, Kruggel F, Cahill L, McGaugh JL. Behavioral and neuroanatomical investigation of Hightly Superior Autobiographical Memory(HSAM). Neurobiol Learn Mem. 2012;98:78-92.

55. Schacter D. The seven sins of memory. Boston: Houghton Mifflin Harcourt; 2001.

56. Loftus EF, Palmer JC. Reconstruction of auto-mobile destruction: an example of the interaction between language and behavior. J Verbal Learn Verbal Behav. 1974;13:585-9.

57. Izquierdo I, Chaves MLF. The effect of a non-factual posttraining negative comment on the recall of verbal information. J Psychiatr Res. 1988;22:165-70.

58. García Márquez G. Vivir para contarla. Buenos Aires: Sudamericana; 2002.

6장

59. Nottebohm F. Neuronal replacement in adulthood. Ann NY Acad Sci. 1985;457:143-61.

60. Scoville WB, Milner B. Loss of recent memory after bilateral hippocampal lesions. J Neurol Neurosurg Psychiatry. 1957;20:1-21.

61. Corkin S, Amaral DG, Gonzílez RG, Johnson KA, Hyman BT. H. M.'s medial temporal lobe lesion: findings from magnetic resonance imaging. J Neurosci. 1997;17:3964-79.

62. Hyman BT, Van Hoesen GW, Damasio AR. Memory-related neural systems in

Alzheimer's disease: an anatomic study. Neurology. 1990;40:1721-30.

63. Squire LR. The legacy of patient H.M. for neuroscience. Neuron. 2009;61:6-9.

64. Annese J, Schenker-Ahmed NM, Bartsch H, Maechler P, Sheh C, Thomas N, Kayano J, Ghatan A, Bresler N, Frosch MP, Klaming R, Corkin S. Postmortem examination of patient H.M.'s brain based on histological sectioning and digital 3D reconstruction. Nat Commun. 2014;5:3122. doi:10.1038/ncomms4122.

65. Rosenbaum RS, Köhler S, Schacter DL, Moscovitch M, Westmacott R, Black SE, Gao F, Tulving E. The case of K.C.: contributions of a memory-impaired person to memory theory. Neuropsychologia. 2005;43:989-1021.

66. Dede AJ, Wixted JT, Hopkins RO, Squire LR. Hippocampal damage impairs recognition memory broadly, affecting both parameters in two prominent models of memory. Proc Natl Acad Sci USA. 2013;110:6577-82.

67. Squire LR. Memory and brain. New York: Oxford University Press; 1987.

68. Martyn A, De Jaeger X, Magalhaes AC, Kesarwani R, Gonçalves DF, Raulic S, Guzmán MS, Jackson MF, Izquierdo I, MacDonald JF, Prado MA, Prado VF. Elimination of the vesicular acetylcholine transporter in the forebrain causes hyperactivity and deficits in spatial memory and long-term potentiation. Proc Natl Acad Sci USA. 2012;109:17651-6.

69. Deutsch JA. The cholinergic synapse and the site of memory. Science. 1971;174:788-94.

70. Bock J, Braun K. Filial imprinting in domestic chicks is associated with spine pruning in the associative area, dorsocaudal neostriatum. Eur J Neurosci. 1999;11:2566-70.

71. Van Praag H, Shubert T, Zhao C, Gage FH. Exercise enhances learning and hippocampal neurogenesis in aged mice. J Neurosci. 2005;25:8680-5.

72. Anderson MC, Ochsner KN, Kuhl B, Cooper J, Robertson E, Gabrieli SW, Glover GH, Gabrieli JD. Neural systems underlying the suppression of unwanted memories. Science. 2004;303:232-5.

73. Benoit RG, Anderson MC. Opposing mechanisms support the voluntary

forgetting of unwanted memories. Neuron. 2012;76:450-60.

74. Depue BE, Curran T, Banich MT. Prefrontal regions orchestrate suppression of emotional memories via a two-phase process. Science. 2007;317:215-9.

75. Myskiw JC, Benetti F, Izquierdo I. Behavioral tagging of extinction learning. Proc Natl Acad Sci USA. 2013;110:1071-6.

76. Harlow H, McGaugh JL, Thompson RF. Psychology. San Francisco: Albion; 1971.

찾아보기

옮긴이 **김영선**

중앙대 문예창작학과를 졸업하고 홍익대 대학원 미학과 석사 과정을 수료했다. 옮긴 책으로
《왜 하이데거를 범죄화해서는 안 되는가》,《괴짜사회학》,《지능의 사생활》,《어느 책 중독자의
고백》,《왼쪽—오른쪽의 서양미술사》,《러브, 섹스, 그리고 비극》등이 있다.

망각의 기술

첫판 1쇄 펴낸날 2017년 6월 8일
　　3쇄 펴낸날 2018년 4월 30일

지은이　이반 이스쿠이에르두
옮긴이　김영선
감수　이준영
발행인　김혜경
편집인　김수진
책임편집　이은정
편집기획　김교석 이다희 조한나 최미혜 김수연
디자인　박정민 민희라
경영지원국　안정숙
마케팅　문창운 노현규
회계　임옥희 양여진 김주연

펴낸곳　(주)도서출판 푸른숲
출판등록　2002년 7월 5일 제 406-2003-032호
주소　경기도 파주시 회동길 57-9, 우편번호 10881
전화　031)955-1400(마케팅부), 031)955-1410(편집부)
팩스　031)955-1406(마케팅부), 031)955-1424(편집부)
홈페이지　www.prunsoop.co.kr
페이스북　www.facebook.com/simsimpress　　인스타그램 @simsimbooks

ⓒ푸른숲, 2017
ISBN 978-11-5675-695-8 (03180)

심심은 (주)푸른숲의 인문·심리 브랜드입니다.

이 도서의 국립중앙도서관 출판시도서목록(CIP)은 e-CIP 홈페이지(http://www.nl.go.kr/ccip)와
국가자료공동목록시스템(http://www.nl.go.kr/kolisnet)에서 이용하실 수 있습니다. (CIP2017012383)